Zu diesem Buch

Für alle wahren Origami-Freunde ist die Welt quadratisch – wie das Origami-Papier. Oder zumindest rechteckig, entsprechend der Deutschen Industrie-Norm A4, die weltweit auf dem Vormarsch ist. Sogar in Japan und also auch beim Origami-Falten.

Deshalb besteht gleich das erste Rätsel des vorliegenden Buches darin, herauszufinden, wie man mühelos vom deutschen Norm-blatt zum traditionellen Origami-Papier zurückfalten und -schneiden kann. Was jedoch nicht heißt, daß DIN A4 dem Spaß am Origami irgendwie entgegensteht.

«Origami-Rätsel» sind ein Leckerbissen für alte Origami-Freunde und für Neulinge eine pfiffige Gebrauchsanweisung zur alten japanischen Kunst. Beim Rätseln erfährt man, wie ein Noshi, ein traditioneller Gruß, hergestellt werden muß, um Freude zu machen. Oder wie man ein Schachbrett selber faltet und ein klassisches UFO für eine Begegnung der exotischen Art konstruiert.

Aber der Spaß geht noch weiter, wenn schon alle Rätsel des Buches gelöst sind – denn viele der Probleme, die Matthias Mala in seinen Rätseln anspricht, bieten Lösungen für ungezählte weitere Papierfalte-Möglichkeiten und geben Anregungen, denen der Leser mit Phantasie und Neugier alleine nachgehen kann.

Die Rätsel wurden in drei Gruppen mit unterschiedlichem Schwierigkeitsgrad aufgeteilt. Alle Rätsel sind ohne Konstruktionshilfen, wie Winkel, Zirkel oder Lineal, zu lösen.

MATTHIAS MALA, Jahrgang 1950, absolvierte eine kaufmännische Ausbildung und arbeitet seit 1977 als freier Spieleerfinder und Schriftsteller. Er schrieb Hörspiele, Comics, mehrere esoterische und Kinderbücher sowie bislang zwölf Spiele-bücher. Matthias Mala lebt in München.

Anregungen und Kritik bitte an folgende Adresse: Büro für wissenschaftliche Publizistik Dr. Horst Speichert, Teuto-nenstr. 32 b, 6200 Wiesbaden.

Matthias Mala

Origami-Rätsel

Papierkunstwerke
falten und raten

spiel+freizeit rororo Rowohlt

Herausgegeben von
Horst Speichert und Bernd Gottwald

Redaktion: Dr. Michael Schmitt
Zeichnungen: Matthias Mala
Fotos: Studio Franz Kunze, München
Umschlaggestaltung: Walter Hellmann (Foto: TAKE)

Originalausgabe
Veröffentlicht im Rowohlt Taschenbuch Verlag GmbH,
Reinbek bei Hamburg, Januar 1993
Copyright © 1993 by Rowohlt Taschenbuch Verlag GmbH,
Reinbek bei Hamburg
Alle Rechte vorbehalten
Satz Times PostScript Linotype Library, PM 4.2
Langosch Grafik + DTP, Hamburg
Gesamtherstellung Clausen & Bosse, Leck
Printed in Germany
1290-ISBN 3 499 18923 2

Inhalt

* Diese Rätsel wurden vom Autor speziell für
dieses Buch entwickelt. Einige fußen auf
bekannten Problemen, die allerdings in der hier
vorliegenden Form erstmals adaptiert wurden.

Vorwort

Das UFO, das Sie auf dem Bild oben sehen, könnte auf dem fernen Planeten Origami Centauri gefaltet worden sein, um uns in die blütenweißen Sphären der Origamisten zu entführen. Jedenfalls dürfte es für die meisten Leserinnen und Leser eine rätselhafte Erscheinung und deshalb zugleich ein Objekt Ihrer Neugier sein. Denn ein unbekanntes Origami-Objekt ist für jeden Origami-Freund Rätsel und Herausforderung zugleich.

Freilich wäre es nicht besonders originell, eine Sammlung neuer, seltener und komplizierter Origami-Figuren vorzustellen und deren Falttechniken in einem Anhang zu erläutern. Im Prinzip wäre das nichts anderes als ein rückwärts geschriebenes Origami-Buch. Recht unterhaltsam vielleicht, aber eben doch kein Band voller Rätsel und Knobeleien rund ums Origami. Gerade darum aber ging es mir beim Schreiben dieses Buches. Es werden also nur wenige reine

Origami-Figuren zu erraten sein; statt dessen verleiten die Spiele eher zu einer Entdeckungsreise in die Randzonen dieser Kunst. Beim Lösen der verschiedenen Rätsel werden Ihnen Grundstrukturen des Origami offenbar und öffnen sich Ihnen Türen zu Gebieten der Papierfalttechnik, die in der populären Origami-Literatur bislang weitgehend unbeachtet geblieben sind. Dabei kann jeder Leser selbst zum Pionier und Schöpfer neuer Origami-Figuren werden. Zusätzlich finden sich einige teilweise verblüffende Spielereien mit der zweiten Dimension.

Ein Großteil der hier vorgestellten Rätsel und Knobeleien sind speziell für dieses Buch entwickelt worden.

Also wünsche ich viel Spaß beim Knacken meiner Rätselnüsse, die zwar allesamt aus Papier, aber dennoch recht hart sind. Und übrigens, wenn Sie das UFO nachfalten wollen, finden Sie den Faltplan hierfür am Schluß des Lösungsteils (s. S. 125).

Matthias Mala

P. S. Die Lösungen sind am Ende des Buches in einer durcheinandergewürfelten Reihenfolge aufgeführt. Wer sich selbst bemogeln will, kann das natürlich dennoch. Er muß aber zu jeder Aufgabe die Lösung extra heraussuchen.

Begriffserläuterung

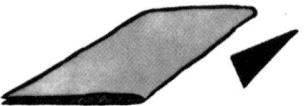

Die meisten Origami-Figuren werden aus quadratischen Blättern gefaltet. Einige Papeterien bieten entsprechendes Papier an. Überwiegend wird das Quadrat fürs Origami jedoch aus einem DIN-A4-Blatt geschnitten werden. Das gleiche ist auch gemeint, wenn im folgenden von einem «Briefbogen» gesprochen wird. Findet hingegen spezielles Origami-Papier Verwendung, wird darauf an Ort und Stelle hingewiesen. Ist für ein Rätsel nur ein «Blatt» notwendig, dann ist das Format unerheblich.

Die Termini «Seite» und «Blatt» vermischen sich im Sprachgebrauch manchmal, hier jedoch ist mit einer Seite immer nur eine der zwei Seiten eines Blattes gemeint.

Als «Falz» ist immer nur die Bruchkante eines gefalteten Blattes (s. oben) zu verstehen.

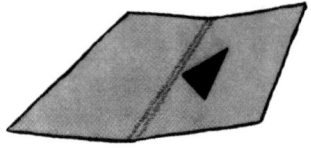

Als «Knick» oder «Bruch» wird ein aufgefalteter Falz bezeichnet (s. oben).

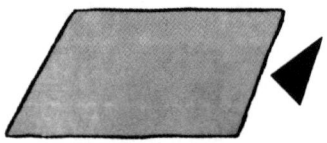

Mit «Kante» ist stets die Schnittkante eines Blattes gemeint (s. oben).

Allgemeine Hinweise zu den Rätseln

Die Rätsel wurden in drei Gruppen mit unterschiedlichem Schwierigkeitsgrad aufgeteilt. Alle Rätsel sind ohne Konstruktionshilfen, wie Winkel, Zirkel oder Lineal, zu lösen. Manche Aufgaben müssen erst in einer gewissen Weise vorbereitet oder vorgefaltet werden, damit das Rätsel überhaupt angegangen werden kann. Wenn dies der Fall ist, wird ein Absatz «Vorbereitung» vorangestellt. Bei einigen Rätseln wird zudem ein ganz bestimmter Lösungsweg verlangt, in diesen Fällen wird dem Rätsel noch ein Absatz «Bedingung» angehängt. Bei einigen wenigen Aufgaben sind mehrere Lösungen möglich. Trotzdem wird nur eine Lösung vorgestellt. Es wird bloß auf die Möglichkeit anderer Wege hingewiesen, denn diese sind meist spiegelverkehrte Varianten oder beruhen auf den schon dargelegten Lösungsprinzipien.

Origami-Papier

Auch wenn sich die Deutsche
Industrie-Norm als Papierformat selbst in Japan durchsetzen

Kapitel 1
Aufgaben zum Kennenlernen

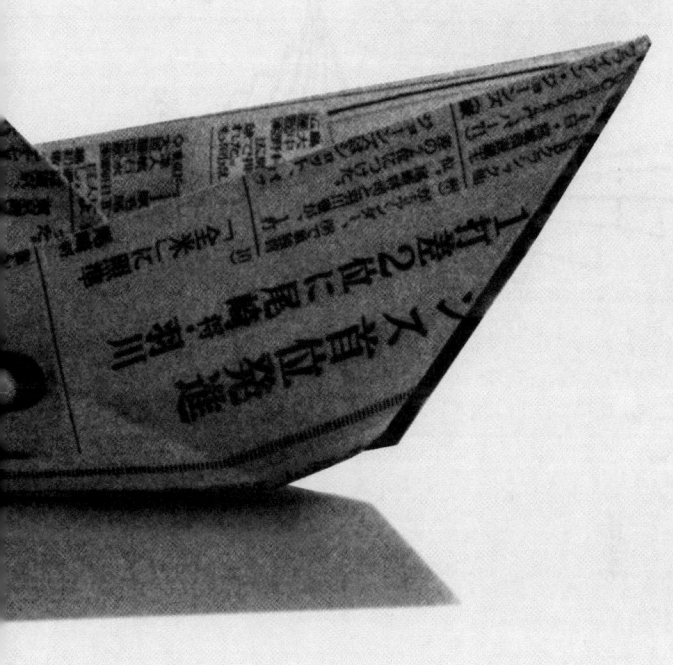

konnte, blieb das eigentliche Origami-Papier doch aus naheliegenden Gründen quadratisch. Um nun aus einem DIN-A4-Papier ein Origami-Papier zu machen, müssen Sie mindestens zweimal falten und erhalten dabei zwangsläufig einen diagonalen Falz. Geht es auch ohne ihn?

Das Rätsel

Versuchen Sie, aus zwei Briefbögen mit nur zwei Faltungen zwei unterschiedlich große Quadrate zu formen.

Bedingung

Sie dürfen keinesfalls diagonal falten.
(Lösung 1)

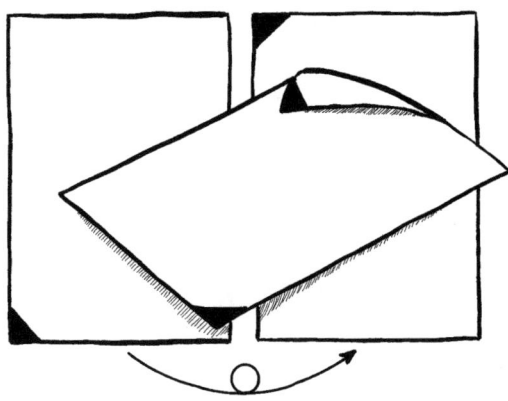

Zwei Ecken zusammenlegen

Eine jener Aufgaben, die leicht gestellt, aber schwierig zu lösen sind. Sie läßt sich mit jedem Bogen Papier, egal von welchem Format, spielen.

.

Vorbereitung

Auf dem Blatt markieren Sie zwei einander diagonal gegenüberliegende Ecken, wobei Sie, der Zeichnung oben entsprechend, auf jeder der beiden Seiten jeweils nur eine Ecke anzeichnen.

Das Rätsel

Die Aufgabe besteht nun darin, das Blatt viermal zu falten, so daß danach beide markierten Ecken direkt und deckungsgleich aufeinander zu liegen kommen (s. unten).

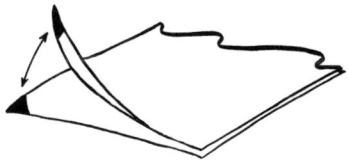

Bedingung

Sie dürfen nur waagrecht und senkrecht zum Blatt falten. Diagonalen sind nicht erlaubt! (Lösung 11)

15

Himmel und Hölle

Die Faltung für das «Himmel und Hölle»-Spiel, das Sie sicher als Kind unzählige Male gespielt haben, ist auch Ausgangspunkt für einige Dutzend bekannter Origami-Figuren. Hier allerdings wird sie zur harten Schale, die erst einmal geknackt werden muß.

Das Rätsel

Im Bild (s. rechts) sehen Sie ein aufgefaltetes «Himmel und Hölle»-Spiel. In welche der durch Knicke begrenzten Flächen müßten Sie das Blau für den Himmel und das Rot für die Hölle malen, damit daraus nach dem neuerlichen Zusammenfal-

ten wieder ein fertiges «Himmel und Hölle»-Spiel entsteht? (Lösung 25)

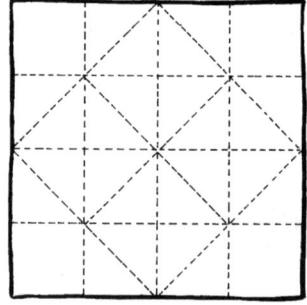

Alte Post

Diese Aufgabe führt Sie zurück in jene Tage, als Briefe noch durch Postkutschen befördert wurden. Damals gab es noch keine Briefumschläge, sondern der Briefbogen selbst war Botschaft und Kuvert zugleich.

Das Rätsel

Wie falteten unsere Altvordern einen DIN-A4-Briefbogen zu einem Brief, der genau einem DIN-A6-Kuvert, also einem Viertel seiner ursprünglichen Größe entspricht? Selbstverständlich muß Ihr Brief, ist er erst einmal versiegelt, auch sein Geheimnis hüten!
(Lösung 32)

Ein Kreuz mit einem Schnitt

Diese Aufgabe dürfte Ihnen kaum zum Kreuz werden, da sie nicht allzu schwer ist.

Das Rätsel

Schneiden Sie aus einem quadratischen Blatt, also einem Origami-Bogen, ein Kreuz mit einem einzigen geraden Schnitt (s. oben).
(Lösung 17)

Ein Kreuz verlegen

Mit dem Lösungskreuz des vorangegangenen Rätsels (s. S. 92) in der Hand können Sie sich sofort an die nächste Aufgabe wagen.

Das Rätsel

Falten Sie das Kreuz, und zerlegen Sie es mit einem Schnitt in zwei gleiche Teile, um sie dann wieder zu der unten abgebildeten Figur zusammenzufügen.
(Lösung 29)

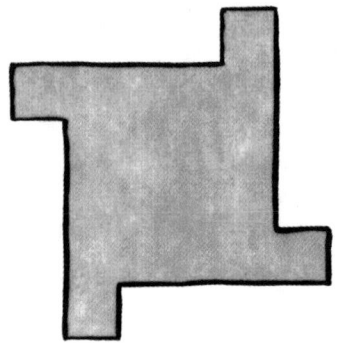

Wie ein verlegtes Kreuz wieder zum Quadrat wird!

Wenn Sie das «verlegte Kreuz» (s. S. 19) gelöst haben, dann heften Sie die beiden Teile mit einem Klebestreifen zusammen, und schon haben Sie die Ausgangsform für ein weiteres Rätsel.

Das Rätsel

Können Sie ein verlegtes Kreuz (s. oben) in vier Teile zerlegen und diese anschließend wieder zu einem Quadrat zusammen-fügen?

Bedingung

Sie müssen das verlegte Kreuz vorfalten und es darauf mit drei Schnitten in zwei verschiedene Formpaare teilen.
(Lösung 40)

Das dabei entstandene Dreieck
schlagen Sie zur Seite (s. unten)

Zwei Kreuze
aus einem Stück

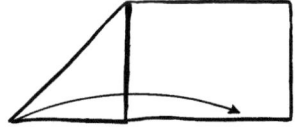

Wenn der Origami-Bogen für
das «Kreuz mit einem Schnitt»
(s. S. 18) aus einem Briefbogen
gewonnen worden ist, können
Sie den verbliebenen Papierstreifen für ein neues Rätsel
weiterverwenden.

und knicken es darauf nach
oben um (s. unten).

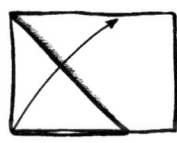

Vorbereitung

Falten Sie eine Ecke des
Streifens zur Längskante
(s. unten).

Den verbliebenen Streifen
schneiden Sie ab (s. unten).

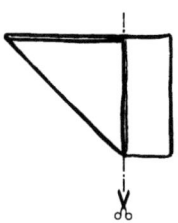

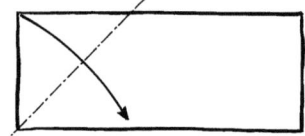

Das Rätsel

Falten Sie das Dreieck noch
zweimal, und schneiden Sie
dann zwei gleiche Kreuze
heraus.

Bedingung

Für die richtige Lösung müssen
Sie in diesem Fall mehr als
einmal schneiden.
(Lösung 36)

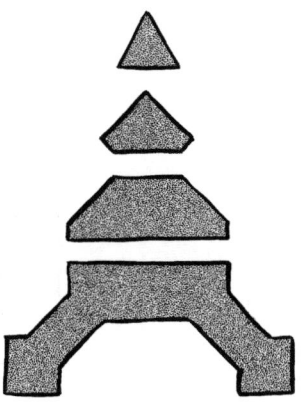

Mit einem Schnitt zum Eiffelturm

Diesen Trip nach Paris macht, wie die vorangegangene Aufgabe auch, erst die Origami-Resteverwertung möglich; denn auch hierzu brauchen Sie einen jener Papierstreifen, die übrigbleiben, wenn aus einem Briefbogen ein quadratisches Origami-Papier hergestellt wird.

Vorbereitung

Falten Sie einen Papierstreifen dreimal übers Eck, und schneiden Sie das überstehende Streifenende ab (s. rechts).

Das Rätsel

Wie müssen Sie das entstandene Dreieck falten, damit Sie mit einem Schnitt sämtliche Bauteile für den abgebildeten Eiffelturm erhalten?
(Lösung 21)

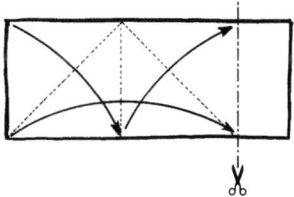

Zwei Punkte verbinden

Die Idee für diese Aufgabe liefert das Billardspiel. Könner spielen dabei die Kugel so von Bande zu Bande, daß sie nach einem präzise vorbestimmten Zickzackkurs in einem Loch verschwindet.

Vorbereitung

Markieren Sie zwei einander diagonal gegenüberliegende Ecken eines Briefbogens jeweils durch einen Punkt (s. oben, links).

Das Rätsel

Ihre Aufgabe besteht darin, eine gedachte Billardkugel in zwei Spielzügen von einem Punkt zum anderen zu spielen.

Bedingung

Der erste Spielzug sieht folgendermaßen aus: Eine Ecke des Blattes wird so umgeknickt, daß man von einem der Punkte aus mit einem Bleistift an der umgeschlagenen Blattkante entlang übers Eck bis zum Blattrand ziehen kann (s. oben, rechts).
Der zweite Spielzug führt die Linie vom Blattrand aus in der gleichen Weise fort. Dazu knicken Sie wieder eine Ecke um und fahren an der geknickten Blattkante entlang übers Eck zum zweiten Punkt.
(Lösung 10)

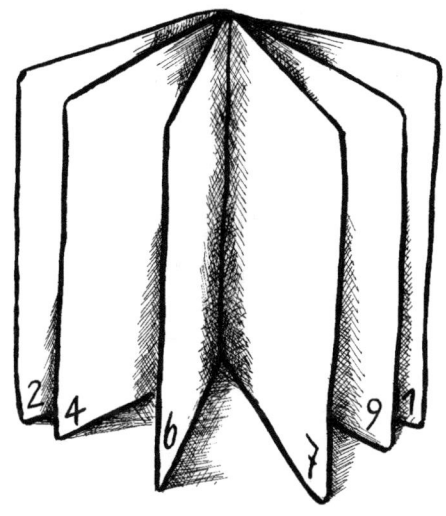

Aus zwei mach zwölf Seiten!

Wenn man ein DIN-A4-Blatt dreimal um seine Hälfte faltet, erhält man ein Briefchen im Format DIN A7.

Das Rätsel

Wie müssen Sie ein DIN-A4-Blatt teilen und wieder zusammenfügen, damit Sie ein stabiles Heftchen von zwölf Seiten im DIN-A7-Format erhalten (s. oben)?

Bedingung

Einzig erlaubtes Hilfsmittel ist eine Schere. Alle anderen Buchbinderutensilien wie Kleister oder Heftfaden müssen in der Schublade bleiben. (Lösung 20)

Origami-Stern

Der abgebildete achtstrahlige Stern scheint aus acht quadratischen Origami-Papieren zusammengelegt zu sein.

Das Rätsel

Können Sie den gleichen Stern auch aus nur zwei Origami-Papieren zusammenfügen?

Bedingung

Als Hilfsmittel benötigt man lediglich eine Schere. Doch muß sparsam geschnitten werden, denn der Stern soll, sobald man ihn an einer Spitze auffädelt, für immer unteilbar und stabil sein. (Lösung 39)

Mit der Schere zaubern

Wenn Sie selbst neue Origami-Figuren entwickeln möchten, brauchen Sie neben Geduld beim Spielen auch räumliches Vorstellungsvermögen. Wieweit es damit bestellt ist, läßt sich bei der folgenden Aufgabe erfahren.

Das Rätsel

Sie sehen eine Figur aus zwei verschiedenen Perspektiven (s. oben). Sie wurde aus einem einzigen Blatt geschnitten und gefaltet. Können Sie das nachmachen?
(Lösung 9)

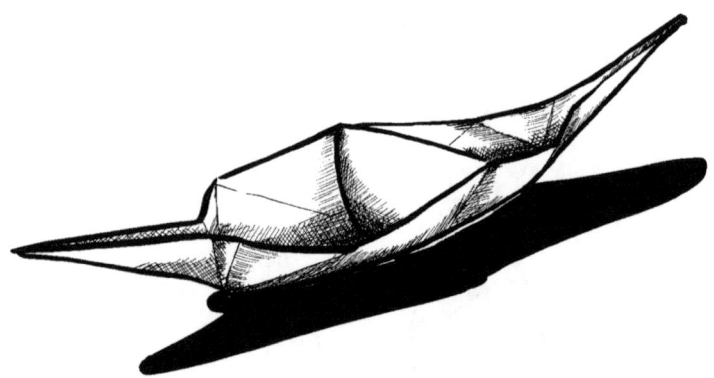

Quadratpuzzle I

Das Lösungsmuster für dieses Rätsel ist, sofern Sie es auch gegengleich falten, eine nur wenig bekannte Verfalzung für einige Origami-Entdeckungen. So wurde etwa die abgebildete Gondel mit Hilfe dieses Grundmusters gefaltet.

Das Rätsel

Vier Stück des dunkel gefärbten Teils kann man zu einem Quadrat zusammenlegen (s. unten).
Wie müssen Sie ein quadratisches Papier falten und schneiden, damit Sie es in vier solcher Teilstücke zerlegen?

Bedingung

Sie dürfen nur an zwei Brüchen entlangschneiden.
(Lösung 31)

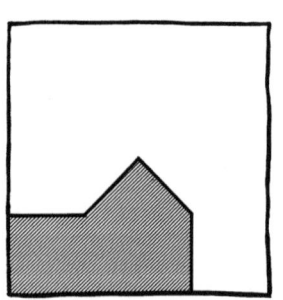

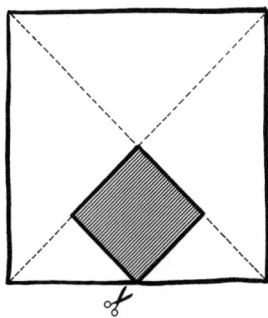 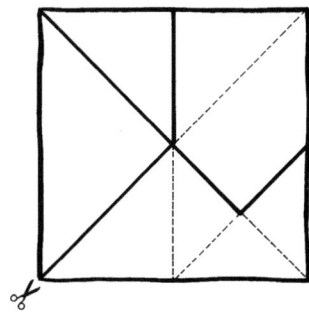

Quadrat-puzzle II

Wenn man will, daß Quadrate wachsen sollen, muß man sie bloß mit kleinen quadratischen Happen füttern. Wenn Sie das nicht glauben, sollten Sie das Rätsel lösen – das wird Sie überzeugen.

Vorbereitung

Sie benötigen zwei gleich große quadratische Blätter. Das erste Blatt falzen Sie diagonal vor, dann falten Sie die beiden Ecken einer Seite zum Mittelpunkt und wieder zurück. Das so entstandene Quadrat (s. oben, links) wird ausgeschnitten.

Den zweiten Bogen falzen Sie diagonal und einmal um die Hälfte vor, schlagen zudem eine Ecke zum Mittelpunkt und wieder zurück. Daraufhin wird das Quadrat entlang den in der Zeichnung (s. oben, rechts) stark markierten Knicken zerschnitten.

Das Rätsel

Sie haben nun fünf Teile, ein kleines vollständiges Quadrat und ein in vier Stücke zerschnittenes Quadrat. Können Sie diese fünf Teile zu einem einzigen großen Quadrat zusammenfügen?
(Lösung 43)

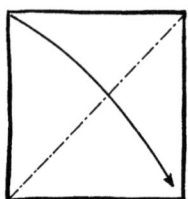 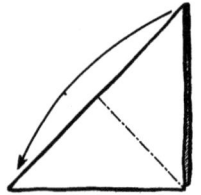 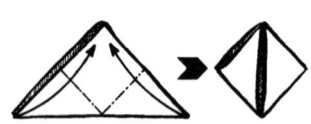

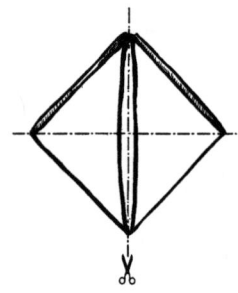

Verflixte Quadrate

Noch ein Beispiel für die alte Weisheit, daß es leichter ist, Rätsel aufzugeben, als sie hernach auch zu lösen.

Vorbereitung

Ein quadratisches Blatt wird der Zeichnung (s. oben) entsprechend gefaltet und das so erhaltene Quadrat diagonal von Ecke zu Ecke zerschnitten. Sie

erhalten dann 16 einzelne Quadrate.
Diese 16 Quadrate werden mit drei verschiedenen Symbolen oder Farben markiert (s. S. 31).

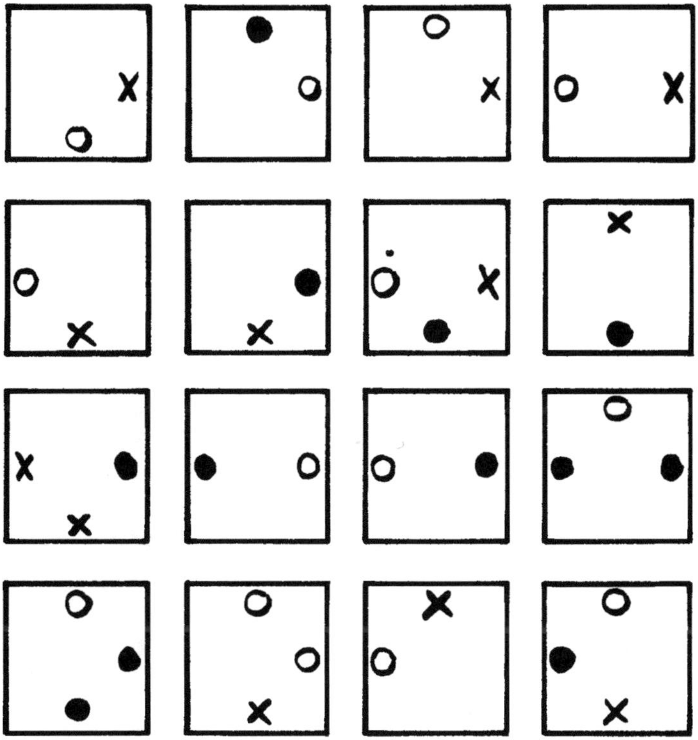

Das Rätsel

Ihre Aufgabe ist es nun, die 16 Quadrate so zu einem großen Quadrat zusammenzufügen, daß die Symbole an den Kanten der einzelnen Teile, also Kreuz, Ring oder Punkt, immer zueinander passen (s. rechts).
(Lösung 28)

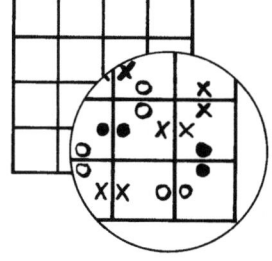

Kapitel 2
Aufgaben für Könner

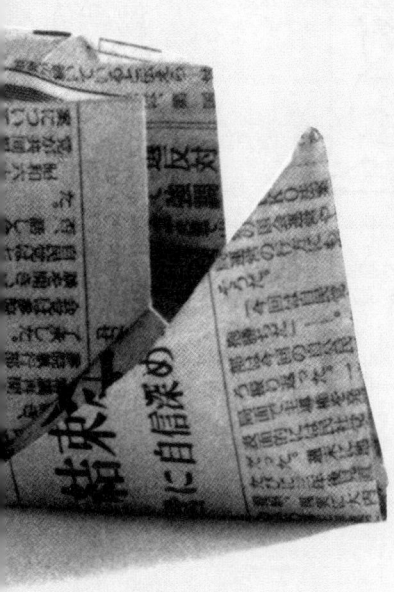

Tangram

Grundlage des üblichen Tangramspiels ist ein in sieben Teile geschnittenes Quadrat. Neben dem klassischen Tangram gibt es mittlerweile auch neue Kreationen, die aus anderen Grundformen bzw. anderen Quadratteilungen resultieren. Vielleicht macht Ihnen dieses Rätsel Laune, Ihr ganz persönliches Tangram zu kreieren.

eines Quadrates zusammengesetzt. Können Sie diese Figur wieder in ihre sieben Teilstücke zergliedern und daraus das ursprüngliche Quadrat formen? (Lösung 48)

Das Rätsel

Diese Figur einer Teetrinkerin wurde aus den sieben Teilen

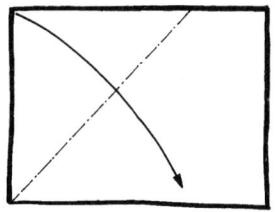

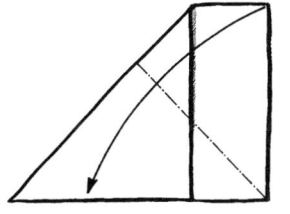 

Ein Puzzle-Brief

Üblicherweise setzt man ein Puzzle wieder in seiner originalen Form zusammen. Dies gilt eingeschränkt auch für dieses Rätsel, wobei hier allerdings die Zusammensetzung von der ursprünglichen abweichen sollte.

Vorbereitung

Zunächst müssen Sie ein DIN-A4-Blatt vorfalzen. Dazu falten Sie die beiden Schmalseiten kantengleich zu einer Längsseite (s. oben, links).

Daraufhin öffnen Sie das Blatt wieder und wiederholen den Vorgang zur gegenüberliegenden Längsseite hin, damit ein vorgeknicktes Blatt entsprechend der Zeichnung auf Seite 36 entsteht.

Das Rätsel

Ihre Aufgabe besteht nun darin, das Blatt entlang der Knicke zu zerschneiden und die neun Teile, die Sie hierauf erhalten, wieder im DIN-A4-Format zusammenzusetzen.

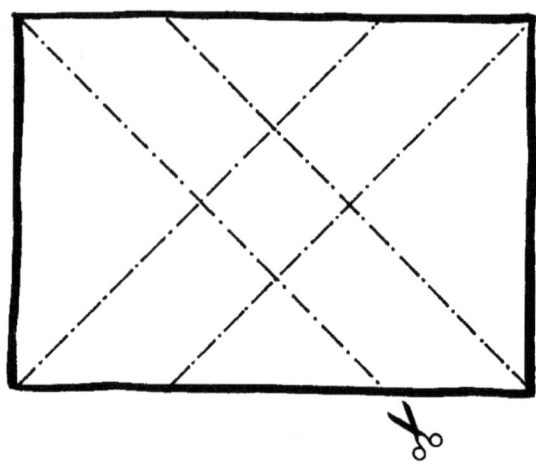

Bedingung

Damit das Rätsel jedoch nicht
zu leicht zu knacken ist, dürfen
Sie den quadratischen Teil
weder in die Blattmitte noch in
einer der Ecken plazieren.
Zudem sollte eine andere
Lösung gefunden werden als
jene, die auf dem Buchumschlag
abgebildet ist.
(Lösung 14)

Siamesisches Origami

Mit der Lösung dieses Rätsels enthüllt sich Ihnen das Geheimnis des siamesischen Origamis, was letztlich bedeutet, daß eine Fülle weiterer kniffliger Aufgaben auf Sie wartet. Denn eine Reihe bekannter Origami-Figuren lassen sich als «siamesische Zwillinge» aus einem Bogen Papier falten.

Das Rätsel

Falten Sie aus einem Blatt ein doppeltes (siamesisches) «Himmel und Hölle»-Spiel (s. oben).

Bedingung

Ohne zwei kleine Einschnitte ist die Aufgabe nicht zu lösen. (Lösung 2)

Schnittmuster

Spiele sind einer eigenen
Konjunktur und wechselnden
Moden unterworfen. Ein
Gradmesser für die jeweilige
Vielfalt an Spielen ist der
Würfel. Je größer die allgemei-
ne Spielfreude, desto farben-
prächtiger und phantasievoller
werden die Spielwürfel gestaltet.
Ebbt der Spieleifer ab, werden
auch die Würfel langweiliger;
schwarzweiß oder weißschwarz
tun sie dann der Spiellaune
weiteren Abbruch. – Spieler und
Würfelsammler wissen ein Lied
davon zu singen.

Das Rätsel

Um einen Würfel zu falten, kann
man auf elf verschiedene
Schnittmuster zurückgreifen.
Von den abgebildeten elf

Schnittmustern (s. unten) sind
allerdings drei falsch. Können
Sie diese herausfinden und sie
durch die drei fehlenden
richtigen ersetzen?
(Lösung 34)

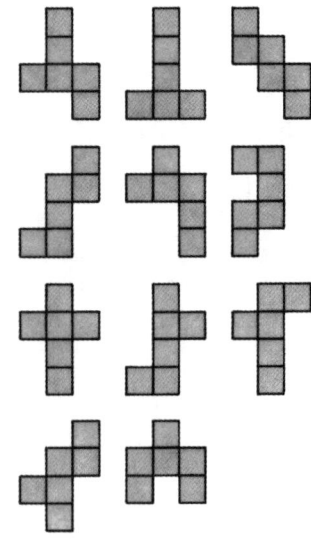

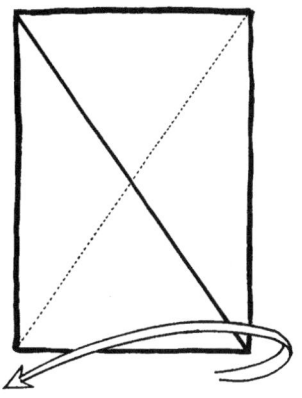

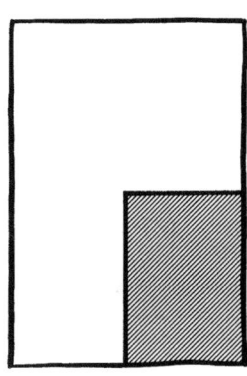

Zwei Linien verstecken

Mit etwas Simsalabim ließe sich diese Aufgabe auch zu einem Zaubertrick ummünzen.

Vorbereitung

Nehmen Sie ein DIN-A4-Blatt und ziehen Sie eine gerade Linie von der linken oberen zur rechten unteren Ecke. Daraufhin drehen Sie das Blatt um und wiederholen das Ganze. Auf diese Weise erhalten Sie zwei gegenläufige Striche (s. oben, links).

Das Rätsel

Wie müssen Sie das Blatt auf ein Viertel seiner ursprünglichen Größe falten, also auf DIN-A6-Format, damit von den beiden Linien auf Vorder- und Rückseite nichts mehr zu sehen ist?

Bedingung

Sie dürfen nur waagrecht und senkrecht zum Blatt falten.
(Lösung 18)

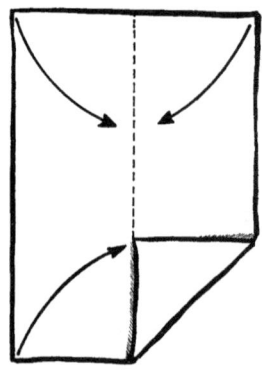
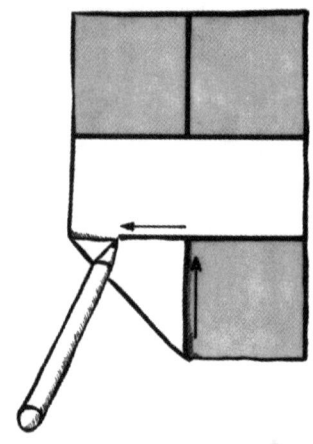

Vier Quadrate mit einem Schnitt

Vier Quadrate haben 16 Seiten, und die sollen alle auf einen Schnitt entstehen? Das hört sich recht vertrackt an! Und deswegen müssen Sie für dieses Rätsel zunächst ein Schnittmuster anlegen.

Vorbereitung

Falten Sie die Längsachse eines DIN-A4-Blattes und klappen Sie es wieder auf. Sodann knicken Sie alle vier Ecken kantengleich zum Mittelbruch um (s. oben, links).

Darauf ziehen Sie mit einem Bleistift die Kanten der aufliegenden Ecken entlang und schlagen sie wieder zurück; damit sind vier Quadrate umrissen (s. oben, rechts).

Das Rätsel

Schneiden Sie alle vier angezeichneten Quadrate exakt an den Linien entlang durch einen einzigen geraden Schnitt restlos heraus.

Bedingung

Sie dürfen das Blatt nur dreimal falten.
(Lösung 46)

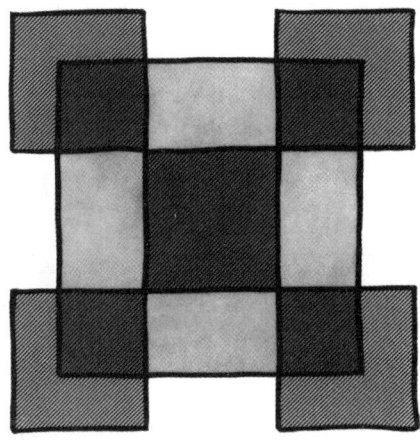

Fünf Quadrate

Das Lösungsmuster dieser Aufgabe ist die Grundlage für viele interessante Origami-Figuren. Daraus läßt sich beispielsweise eine hübsche Konfektbox falten (s. unten).

Das Rätsel

Können Sie ein quadratisches Origami-Papier so falten und mit vier Schnitten zerschneiden, daß sich aus den dabei gewonnenen Teilen anschließend fünf gleich große Quadrate legen lassen (s. oben)?
(Lösung 27)

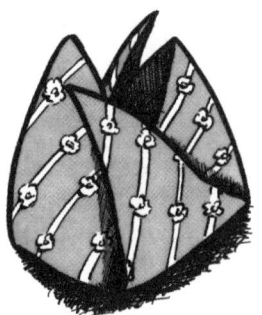

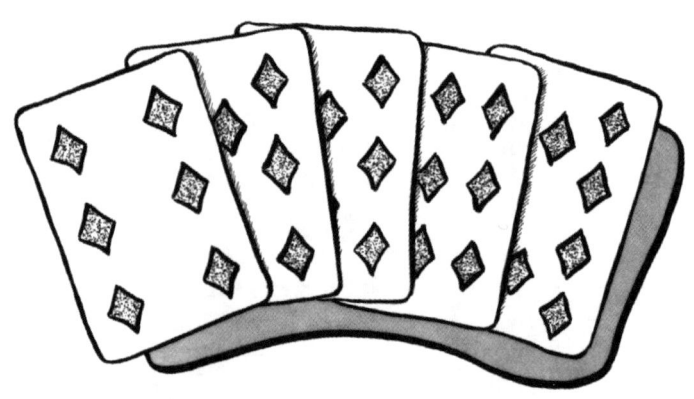

Karo-Flush

So mancher wünscht sich beim Pokern, die Karten malen zu können. Nun – wenn Sie dieses Rätsel lösen, könnten Sie sich zumindest ein Karo-Flush zurechtbasteln. Eine Runde, in der Sie damit gewinnen, dürfte freilich kaum zu finden sein; doch reicht es immerhin für einen ungewöhnlichen Bluff.

Das Rätsel

Schneiden Sie sich aus fünf Blättern fünf Karo-Karten zurecht, und zwar eine ununter-brochene Reihe von der Karo-Sechs bis zur Karo-Zehn.

Bedingung

Man darf jedes Blatt, nachdem es höchstens viermal gefaltet worden ist, nur dreimal ein-schneiden.

(Lösung 38)

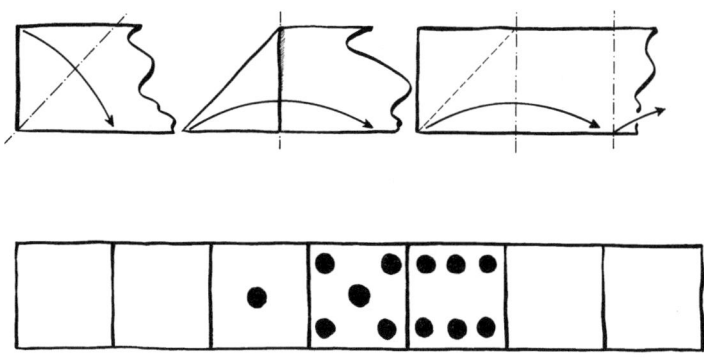

Sieben Seiten hat der Würfel

Ober- und Unterseite eines Spielwürfels sind grundsätzlich so bemalt, daß die Augenzahl beider Seiten zusammengezählt stets sieben ergibt.

Vorbereitung

Teilen Sie einen Papierstreifen in sieben Quadrate (s. oben). Dazu knicken Sie einen Streifen einmal zur Längskante und schlagen das entstandene Dreieck nochmals zur Seite.

Falten Sie daraufhin das Streifenende wieder auf, und tragen Sie das vorgefalzte Quadrat noch sechsmal am Streifen ab. Markieren Sie sodann die Würfelaugen, wie in der Zeichnung abgebildet, auf den drei mittleren Quadraten.

Das Rätsel

Wohin müssen Sie die fehlenden Würfelaugen malen, wenn Sie den Streifen zu einem Würfel falten wollen?
(Lösung 44)

43

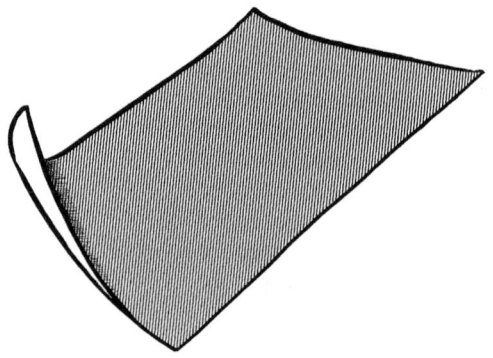

Schwarzweiße Quadrate

Wenn Sie dieses Rätsel erst
einmal gelöst haben, können Sie
sich aus 16 DIN-A4-Blättern ein
doppelseitiges Schachbrett mit
mehr als einem halben Meter
Kantenlänge falten.

Vorbereitung

Schraffieren Sie eine Seite eines
DIN-A4-Blattes mit Bleistift
(s. oben).

Das Rätsel

Falten Sie aus dem vorbereiteten
Blatt das größtmögliche Quadrat, das sich schachbrettartig
auf Vorder- wie Rückseite aus

zwei weißen und zwei schraffierten Quadraten zusammensetzt
(s. unten).
(Lösung 35)

Einen Ring aus einem Streifen schneiden

Wenn Sie diese Aufgabe lösen, werden Sie einen Ring in Händen halten – aber Sie würden ihn nicht als Schmuckstück verwenden wollen, selbst wenn er aus Goldpapier wäre. Denn sein Durchmesser wird knapp zwei Handspannen betragen.

Vorbereitung

Falten Sie ein DIN-A4-Blatt einmal entlang der Längsachse. Klappen Sie es dann wieder auf, und schlagen Sie die beiden Längskanten zum Mittelfalz.

Daraufhin falten Sie das Blatt wieder entlang der Längsachse zu einem Streifen (s. oben).

Das Rätsel

Können Sie den Streifen an seinen Enden so verkleben, daß daraus ein einziger großer Ring entsteht, wenn Sie das Papier an den Längsfalzen entlang aufschneiden (s. unten)? (Lösung 22)

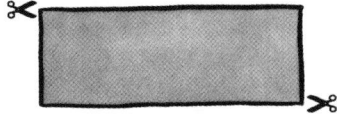

Quadratsplitter

Für den wahren Origami-
Freund ist die Welt nicht
kugelrund, sondern quadratisch
eben wie echtes Origami-Papier.
Darum sind ihm auch von allen
Zerlege-Rätseln die quadratischen am liebsten.

Das Rätsel

Falzen Sie zwei gleich große
quadratische Origami-Papiere
vor, und zerschneiden Sie beide:
das erste Blatt in vier gleiche
und das zweite in fünf Teile,
wobei auch hier sich vier Teile
gleichen müssen. Dann setzen

Sie diese neun «Quadratsplit-
ter» wieder zu einem großen
Quadrat und einem stumpfen
Kreuz zusammen.

Bedingung

Die Fläche des Quadrates soll
um exakt zwei Drittel größer
sein als diejenige des stumpfen
Kreuzes.
(Lösung 8)

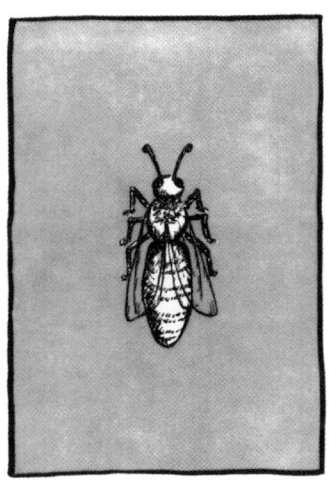

Eine Wabe
für die Königin

Die größte Wabe im Bienenstock reservieren jene Bienen, die den Stock verlassen wollen, für ihre zukünftige Königin. Folglich dürfte für eine Biene die nachstehende Aufgabe kein Rätsel sein.

Das Rätsel

Stellen Sie sich vor, genau in der Mitte eines Briefbogens läge das Ei, aus dem die zukünftige Bienenkönigin schlüpfen soll. Um dieses Ei herum sollen Sie nun das größtmögliche regelmäßige Sechseck herausschneiden.

Bedingung

Das Sechseck dürfen Sie nur mit einem einzigen geraden Schnitt aus dem Blatt schneiden, und selbstverständlich sollten Sie nur durch Falten zu diesem Ziel gelangen.
(Lösung 3)

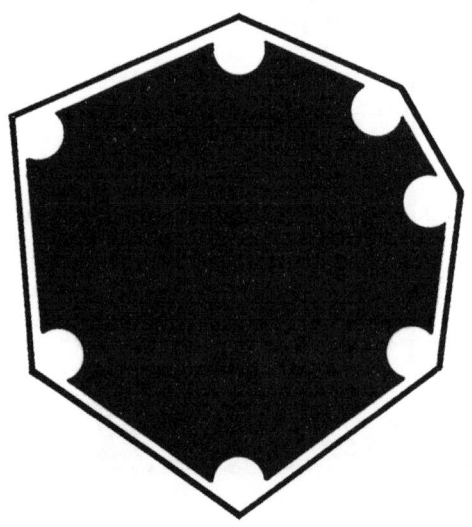

Sieben zu sechs Ecken schneiden

Das einfachste, um aus einem Siebeneck ein Sechseck zu machen, wäre wohl, man knapst ihm eine Ecke ab. – Irrtum, denn dann hätte man statt einer Ecke weniger sogar eine mehr!

Vorbereitung

Pausen Sie das Siebeneck (s. oben) auf ein Blatt und schneiden es aus.

Das Rätsel

Machen Sie aus dem Siebeneck mit einem geraden Schnitt ein regelmäßiges Sechseck.

Bedingung

Sie müssen das Siebeneck falten, sonst klappt es nie! (Lösung 24)

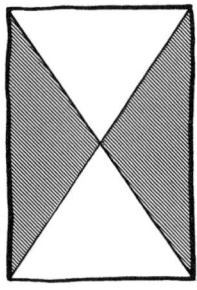

Noshi I

In unseren Breiten bindet man an ein Geschenk ein Glückwunschkärtchen; in Japan ist es Sitte, dem Geschenk einen kunstvoll gefalteten Brief beizufügen. Solche Briefe heißen «Noshi»; die Japaner verwenden dafür besonders edles Papier.

Vorbereitung

Für Ihren Noshi müssen Sie eine Seite eines Briefbogens bemalen. Dazu falzen Sie den Bogen zweimal in der Diagonalen und färben die beiden Dreiecke an den Längsseiten in Ihrer Lieblingsfarbe (s. oben, links).

Das Rätsel

Wie müssen Sie das vorbereitete Blatt falten, damit Sie einen solchen Noshi erhalten (s. oben, rechts)?

Bedingung

Der Noshi hat eine umlaufende stilisierte Schleife in Ihrer Lieblingsfarbe und ist an Vorder- und Rückseite zu versiegeln. Das Briefformat selbst entspricht DIN A 6, also einem Viertel der ursprünglichen Blattgröße.
(Lösung 7)

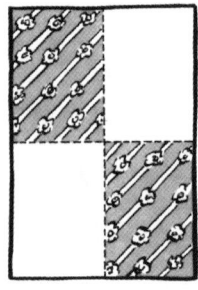
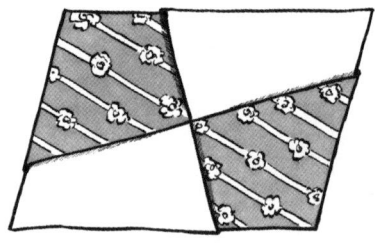

Noshi II

Hatte der Noshi im vorausge-
gangenen Rätsel (s. S. 49) noch
das übliche Briefformat, so
reduziert sich der Noshi in
diesem Rätsel auf ein Fünftel
der ursprünglichen Blattgröße.
Ein Format, das zu finden allein
schon eine knifflige Herausforderung ist. Doch wenn Sie die
vorangegangenen Rätselnüsse
geknackt haben, dürfte Ihnen
eine Lösung für dieses Problem
nicht allzu schwerfallen.

Vorbereitung

Falzen Sie einen Briefbogen
zweimal um die Hälfte vor und
bemalen Sie auf einer Seite zwei

gegeneinander versetzte
Rechtecke in der Lieblingsfarbe
des Empfängers (s. oben, links).

Das Rätsel

Wie müssen Sie den Briefbogen
falten und schneiden, damit Sie
einen Noshi erhalten, der auf
Vorder- und Rückseite gleich
gemustert ist und den Sie ohne
Klebstoff und Siegel verschlie-
ßen können (s. oben, rechts)?

Bedingung

Das Format dieses Noshi soll,
wie oben schon erwähnt, genau
einem Fünftel der ursprünglichen Blattgröße entsprechen!
(Lösung 45)

Kapitel 3
Aufgaben für Tüftler

Ein Pentagramm ins rechte Licht rücken

Der fünfzackige Stern, auch Pentagramm genannt (s. oben), gilt gemeinhin als magisches Glücks- und Schutzzeichen. Er kann in einem Zug gezeichnet werden.

Vorbereitung

Schneiden Sie von einem Briefbogen an der Längsseite einen knapp zwei Daumen breiten Streifen ab.

Das Rätsel

Können Sie den Streifen so falten, daß ein Pentagramm durchscheint, sobald Sie ihn gegen das Licht halten? (Lösung 16)

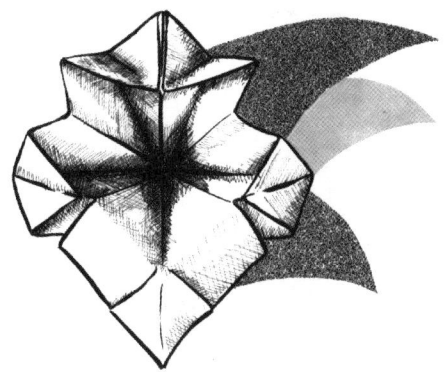

Pentagon

Ein Pentagon ist ein gleichmäßiges Fünfeck. Mit einer solchen Figur halten Sie den Schlüssel zu einem noch weitgehend unbekannten Papierfalt-Paradies in Händen; beispielsweise wurde die oben abgebildete Orchidee aus einem Pentagon gefaltet.

Das Rätsel

Können Sie ein quadratisches Blatt so falten, daß Sie daraus ein regelmäßiges Fünfeck schneiden können?

Bedingung

Ein einziger Schnitt muß dafür genügen!
(Lösung 42)

Einen Würfel falten

Würfel sind ein klassisches Symbol des Zufalls. Und die Aufdeckung dieses Rätsels durch Versuch und Irrtum dem Zufall anheimzustellen, kann unter Umständen auch der kürzeste Lösungsweg sein.

Vorbereitung

Markieren Sie an einem DIN-A4-Blatt deutlich den Mittelpunkt (s. rechts, unten).

Das Rätsel

Falten Sie aus dem Blatt den größtmöglichen Würfel, ohne dabei Schere oder Klebstoff zu verwenden.

Bedingung

Der gekennzeichnete Mittelpunkt muß zugleich die «Eins» des fertigen Würfels sein. (Lösung 23)

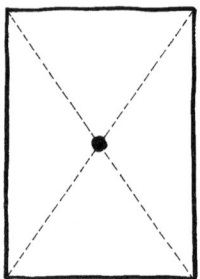

Eins, Zwei, Drei zusammenfalten

Daß «Eins», «Zwei», «Drei» aufeinanderfolgen, ist eine Selbstverständlichkeit. Erst durch diese Aufgabe wird daraus ein Problem!

Vorbereitung

Schreiben Sie in die linke obere Ecke eines Briefbogens «Eins», in die Blattmitte «Zwei» und in die Ecke rechts unten «Drei» (s. oben).

Das Rätsel

Falten Sie das Blatt nun so, daß die Worte «Eins», «Zwei», «Drei» direkt untereinander in der richtigen Reihenfolge zu lesen sind (s. unten).

Bedingung

Sie dürfen nur waagrecht und senkrecht zum Blatt falten. (Lösung 4)

57

Ein gleich-
seitiges Dreieck

Ein gleichseitiges Dreieck ist
häufig Grundform für einen
Origami-Stern. Die Lösung des
folgenden Rätsels können Sie
aber auch als Ausgangsform für
manchen «Super-Gleiter»
verwenden (s. oben).

Das Rätsel

Falten Sie an den Kopf eines
DIN-A4-Blattes ein gleichseitiges Dreieck.

Bedingung

Die Kantenlängen des Dreiecks
müssen der Blattbreite entsprechen (s. unten).
(Lösung 26)

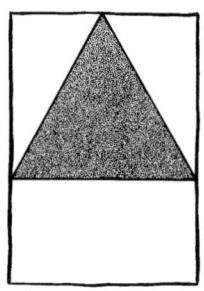

Eine dreieckige Entdeckung

Beim vorangegangenen Rätsel (s. S. 58) war das Dreieck von vornherein durch die Schmalseiten des Blattes begrenzt. Doch gerade beim Falten von Sternen sucht man Pracht und Größe, die allerdings im Papierformat ihre natürlichen Grenzen finden. Nur, wo liegen diese Grenzen? Um wieviel größer als die Blatt-Schmalseite kann beispielsweise ein gleichseitiges Dreieck sein, die Ausgangsform der oben abgebildeten Sterne?

Das Rätsel

Können Sie das größtmögliche gleichseitige Dreieck aus einem DIN-A4-Blatt in nur einem Arbeitsschritt falten?
(Lösung 15)

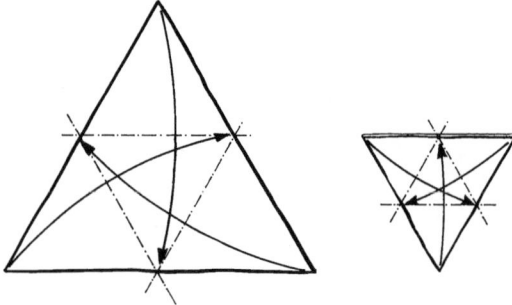

Drei Hex

Manche Knobeleien muten auf den ersten Blick recht einfach an, entpuppen sich aber, sobald man sie angeht, als harte Nüsse. «Drei Hex» zählt ganz gewiß dazu.

Vorbereitung

Sie benötigen zehn gleichseitige Dreiecke, die Sie am besten aus dem Dreieck des vorangegangenen Rätsels (s. S. 59) falten. Dazu falzen Sie die Spitzen des Dreiecks zur jeweiligen Grundlinie und wiederholen das Ganze noch einmal (s. oben). Entfalten Sie das Papier, und schneiden

Sie zehn der vorgefalzten 16 Dreiecke aus. Die Ecken der zehn Dreiecke beziffern Sie, wie in der Zeichnung vorgegeben (s. unten). Statt der Ziffern können Sie auch für jede Zahl eine eigene Farbe nehmen und damit die Ecken einfärben.

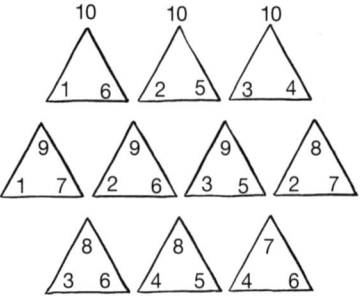

Das Rätsel

Versuchen Sie, mit den Dreiekken die vorgegebenen Figuren nachzulegen (s. oben).

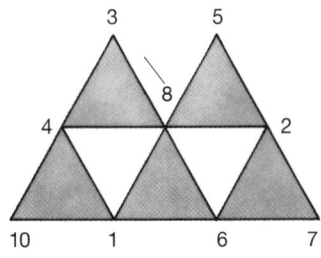

Bedingung

Grundsätzlich darf sich keine Zahl oder Farbwert in einer Figur wiederholen. Aber dort, wo sich die Ecken der Dreiecke berühren, müssen die Zahlen bzw. Farbwerte dieser Ecken gleich sein.
Die abgebildete erste Legemöglichkeit (s. links) erläutert die Regel beispielhaft, ohne dabei die wahre Lösung preiszugeben! (Lösung 30)

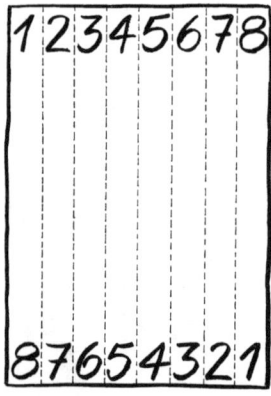

Zahlen verdrehen

Zahlen zu verdrehen ist für viele
Menschen ein alltägliches
Geschäft, dennoch müßte bei
der nachstehenden Aufgabe
mancher dieser hochkarätigen
Zahlenjongleure passen.

Vorbereitung

Zunächst müssen Sie ein DIN-
A4-Blatt der Länge nach in acht
gleichmäßige Streifen teilen.
Dies erreichen Sie, wenn Sie das
Blatt der Länge nach dreimal
um die Hälfte falten. Dann beziffern Sie jeden Streifen an der
oberen Blattkante entlang von 1
bis 8 und an der unteren Blattkante entsprechend gegenläufig
von 8 bis 1 (s. oben).

Das Rätsel

Ihre Aufgabe besteht nun darin,
durch systematisches Falten die
untere Zahlenreihe so zu
verdrehen, daß sie sich von 1 bis
8 passend direkt unter die obere
Zahlenreihe fügt (s. unten).

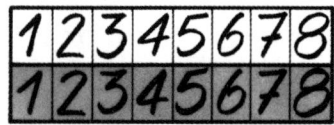

Bedingung

Keine Zahl darf auf dem Kopf
stehen, und die Lösung muß
stabil sein. Die einzige Erleich-
terung, die Ihnen gewährt wird,
sind sieben daumenlange
Einschnitte ins Papier.
(Lösung 41)

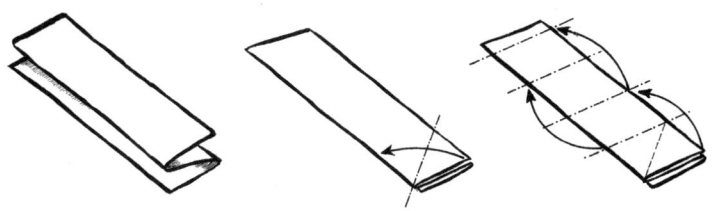

Ein magisches Quadrat falten

Mit magischen Quadraten haben sich schon die alten Römer die Zeit vertrieben. Längst gibt es daher eine ansehnliche Menge verschiedenster Aufgaben dieser Art. Trotzdem entdecken findige Geister immer neue Varianten. So auch diese!

Vorbereitung

Teilen Sie ein DIN-A4-Blatt bis auf einen kleinen Reststreifen in zwölf Quadrate (s. oben). Die Quadrate des vorgefalteten Blattes beziffern Sie dann, wie in der Zeichnung rechts dargestellt.

Das Rätsel

Wie müssen Sie das Blatt einschneiden und falten, damit

2	6	4
7	1	5
2	8	3
5	1	9.

Sie ein magisches Quadrat erhalten, bei dem die Summe der Zahlen stets 15 ergibt, egal ob Sie waagrecht, senkrecht oder diagonal addieren?

Bedingung

Jede Zahl von 1 bis 9 darf nur einmal erscheinen. Der schmale Reststreifen soll dem entstehenden Quadrat Festigkeit geben und darf daher nicht eingeschnitten werden.
(Lösung 19)

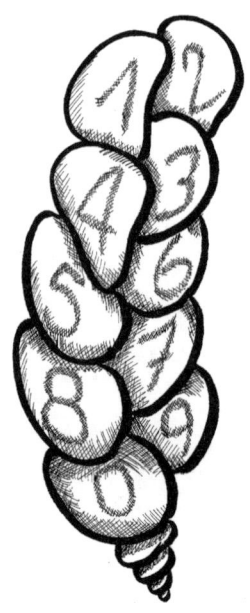

Geflochtene Zahlen

Mit Zahlen läßt sich vieles anstellen – daß man sie sogar flechten kann, dürfte jedoch gemeinhin unbekannt sein. Lassen Sie sich also von der nachstehenden Aufgabe überraschen!

Vorbereitung

Falten Sie einen Briefbogen zweimal der Länge nach um die Hälfte. Die entstandenen Streifen teilen Sie dann bis auf einen schmalen Rest in jeweils fünf Quadrate auf. Schneiden Sie die Streifen entlang der stark gezeichneten Linien ein, und beziffern Sie jedes Quadrat entsprechend dem abgebildeten Muster (s. S. 65, oben).

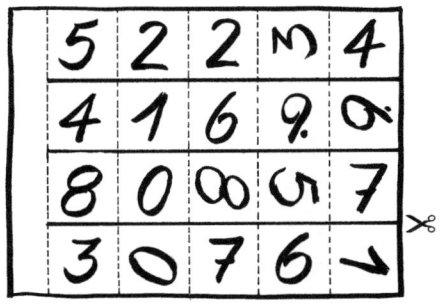

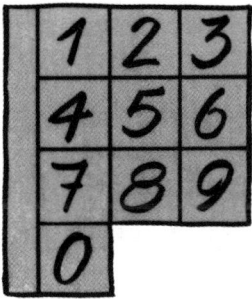

Das Rätsel

Können Sie die Streifen so falten und ineinanderlegen, daß Sie ein Geflecht aus zehn Quadraten erhalten, das wie eine Telefontastatur in der richtigen Ziffernfolge von 1 bis 0 gegliedert ist (s. oben)?

Bedingung

Sie dürfen jeden Streifen nur auf zweierlei Weise falten: Entweder knicken Sie entlang eines Quadrates, oder Sie falten diagonal durch ein Quadrat. (Lösung 5)

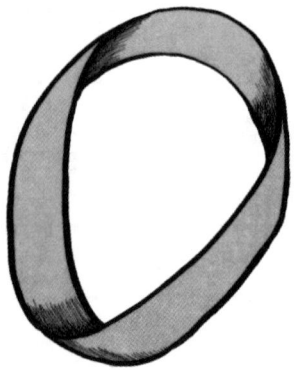

Zwei Ringe inein-
anderfalten

Dieses Rätsel beruht auf dem Prinzip des Möbiusbandes. Es hat seinen Namen von dem Mathematiker August Ferdinand Möbius (1790–1868). Es entsteht, wenn man ein Band nach einer halben Verwindung mit den Enden zusammenfügt (s. oben).

Obwohl es wie ein Körper wirkt, ist das Möbiusband vom Prinzip her zweidimensional, denn es hat nur eine umlaufende Kante und nur eine Seite. Falls Sie das nicht glauben, fahren Sie mit einem Finger dem Band entlang: Nach dem zweiten Umlauf gelangen Sie wieder an Ihren Ausgangspunkt zurück.

Das Rätsel

Falten und verkleben Sie ein DIN-A4-Blatt so zu einem Möbiusband, daß Sie zwei ineinander verschlungene Ringe erhalten, sobald Sie es an seiner Kante entlang aufschneiden. (Lösung 33)

Pyramide I

Die Spielwürfel des Altertums hatten nur vier Seiten. Erst die Römer benutzten kubische Würfel; zuvor fanden Stäbchen- oder Pyramidenformen Verwendung. Das waren vierseitige, meist regelmäßige Pyramiden, deren vier Ecken die Symbole der Wurfzahlen trugen (s. oben). Diese Aufgabe führt Sie zurück in jene Zeit, bevor die Römer kamen.

Das Rätsel

Falten Sie aus einem gleichseitigen Dreieck einen historischen Spielwürfel, also eine dreiseitige, regelmäßige Pyramide. Doch bevor Sie diese Pyramide falten, müssen Sie das Dreieck noch mit drei Farben einfärben. – Können Sie diese drei Farben so anordnen, daß jede der vier künftigen Würfelspitzen eine auf Anhieb unterscheidbare farbliche Kennzeichnung erhält? (Lösung 47)

Pyramide II

Pyramiden haben bis heute nichts von ihrer Faszination verloren. War es früher vornehmlich die Mächtigkeit der ägyptischen Bauwerke, die die Menschen beeindruckte, so ist man in unserer Zeit eher an den magischen Kräften der Pyramide interessiert. Deshalb stülpen sich einige Zeitgenossen zur Steigerung ihres geistigen Potentials sogar Kupferpyramiden auf die Köpfe. – Ob's was hilft?

Das Rätsel

Falten Sie aus einem quadratischen Origami-Bogen die größtmögliche gleichseitige Pyramide.

Bedingung

Gleichseitig bedeutet, daß alle vier Seitenflächen sich aus gleichseitigen Dreiecken zusammensetzen sollen. Und selbstverständlich sollte Ihre Pyramide zusätzlich einen Boden aufweisen. – Oder wollten Sie sie etwa aufsetzen? (Lösung 12)

Doppelpyramide

Der erste Teil des folgenden Rätsels liefert Ihnen – wenn Sie die Aufgabe nur erst gelöst haben – mit der Doppelpyramide auch den Grundbaustein für einen ganz eigenen Zweig des Origami; denn wenn Sie zwölf dieser Pyramiden zu einer geschlossenen Kette verbinden, erhalten Sie eine in sich bewegliche Figur, die sich kaleidoskopartig in immer neue Formen verwandeln läßt. Besonders eindrucksvoll wird dieses Spielzeug, wenn Sie die Seiten der Pyramiden unterschiedlich einfärben (s. oben).

Das Rätsel

Falten Sie aus einem Streifen Papier und mit Hilfe von etwas Klebstoff eine dreiseitige Doppelpyramide (s. unten).

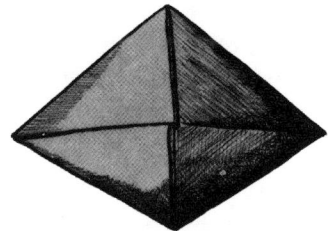

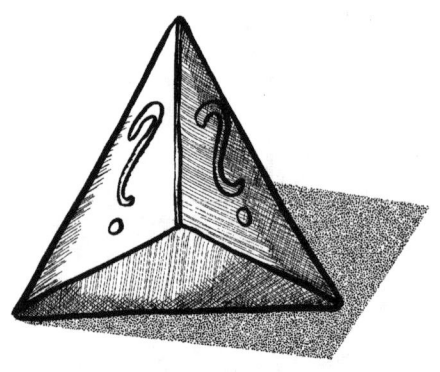

Des Rätsels zweiter Teil

Wenn Sie die Doppelpyramide in Händen halten, wird sie Sie vielleicht an den Pyramidenwürfel des ersten Pyramidenrätsels (s. S. 67) erinnern. Doch diese Pyramide ist als Spielwürfel schlecht geeignet. Einmal versagt sie, da nur drei ihrer Spitzen in die Höhe weisen können, und zum anderen taugt sie auch kaum im gewöhnlichen Sinn, da von ihren sechs Seiten zwei immer gleichzeitig obenauf liegen. Dennoch gibt es eine Möglichkeit, diese Doppelpyramide so zu beziffern, daß man mit ihr würfeln kann!
Im Klartext bedeutet dies, daß jede Pyramidenseite eine andere einstellige Zahl tragen muß. Die beiden jeweils aufliegenden Seiten ergeben addiert den Wert des Wurfes, und alle sechs möglichen Würfe ergeben eine gleichmäßig ansteigende Zahlenreihe. – Können Sie die Doppelpyramide nach diesen Gesichtspunkten beziffern? (Lösung 6)

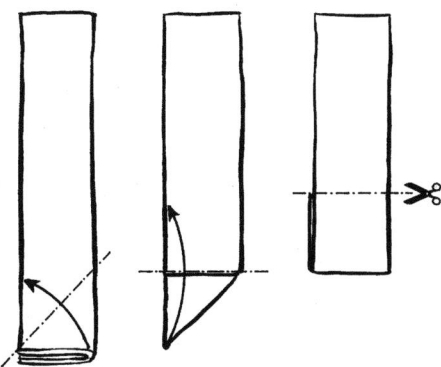

Faltpläne I

Henry Ernest Dudeney, seines Zeichens Rätselerfinder in viktorianischer Zeit, war es leid, bei seinen Wanderungen durch die schottischen Highlands mit einer im Wind flatternden Wanderkarte nach dem richtigen Weg suchen zu müssen, und überlegte sich vierzig verschiedene Möglichkeiten, seine Karten routengemäß zu falten. Zwei Varianten sind besonders rätselhaft.

Vorbereitung

Falten Sie ein Blatt zweimal der Länge nach um die Hälfte. Von dem dabei erhaltenen Streifen schlagen Sie eine Ecke um und knicken das so entstandene Quadrat nach hinten. Drehen Sie daraufhin den Streifen um, und schneiden Sie das überstehende Stück ab, dann können Sie einen in acht Quadrate vorgefalzten Bogen auffalten (s. oben).

Numerieren Sie diese Quadrate, wie in der Zeichnung unten dargestellt.

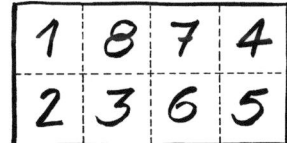

Das Rätsel

Können Sie das Blatt so falten, daß alle acht Quadrate in der richtigen Ziffernfolge von 1 bis 8 hintereinanderliegen?
(Lösung 13)

71

Faltpläne II

Konnten Sie das vorangegangene Rätsel (s. S. 71) lösen? Dann
gibt es noch eine wesentlich
härtere Nuß von Mister Dudeney. Und sollten Sie auch damit
nicht genug haben, können Sie
sich ja selbst weitere und
größere Faltplanrätsel stellen,
wie sie etwa die untere Aufgabe
auf dem Bild verkörpert.

Vorbereitung

Bereiten Sie ein Blatt nach dem
gleichen Prinzip wie beim
vorherigen Faltplanrätsel vor.
Für das zehnquadratige Recht-
eck falten Sie den zweiten

Bogen lediglich einmal mehr um
die Hälfte und schneiden
danach die überzähligen
Quadrate weg (s. oben).

Das Rätsel

Falten Sie die beiden Rechtecke
so, daß die Zahlen von 1 bis 8
bzw. von 1 bis 10 in der richtigen
Reihenfolge hintereinanderliegen.
(Lösung 37)

Eine unlösbare Aufgabe?

Zu Beginn des Buches erwähnte ich, daß kunstvolle Origami-Figuren für den wahren Origami-Freund immer eine besondere Herausforderung sind. Doch nicht nur die Faltkünste der Origami-Meister können Rätsel aufgeben, auch die eigenen Faltereien kommen ihrem Schöpfer später oft spanisch vor. Wer selbst hin und wieder neue Figuren aus gefaltetem Papier kreiert, weiß, wovon ich spreche. Vor einiger Zeit gelang mir bei meinen Erkundungen in unerforschte Bereiche des Origami eine besonders schöne Faltung, nämlich die hier abgebildete Eule.

Diese Eule stellte ich seinerzeit als Krone auf meinen Bücherschrank, um sie vielleicht später, bei sich bietender Gelegenheit, in einem Faltbuch vorzustellen. Nun, diese Gelegenheit bietet sich mir nun, allerdings in einer ganz anderen als der damals erhofften Weise. – Denn wie die Eule entstanden ist, ist mir mittlerweile selbst schleierhaft. Um den Faltvorgang zu rekonstruieren, müßte ich die Figur entfalten; doch das wage ich nicht mehr, denn das Papier ist schon sehr brüchig.

An zwei Elemente des Faltvorganges kann ich mich allerdings noch erinnern: Entstanden ist die Eule zum einen aus einem doppelten Quadrat, und zum zweiten mußte ich, damit sie ihre Flügel anlegt, mit der Schere nachhelfen.

Können Sie diese Eule nachfalten?

Kapitel 4
Lösungen

Lösung 1:

Origami-Papier

(s. S. 14)

Legen Sie die beiden Briefbögen um 90° verdreht und
kantengenau übereinander.
Falten Sie dann den überstehenden Streifen des unteren Bogens
nach vorne über das obere Blatt,
und schlagen Sie danach den
anderen Streifen gleichfalls nach
vorne (s. rechts, oben).
Beide Bögen formen auf diese
Weise nicht nur zwei unter-
schiedliche Quadrate, sondern
Sie können daraus auch zwei
faltenfreie Origami-Papiere
schneiden (s. rechts).

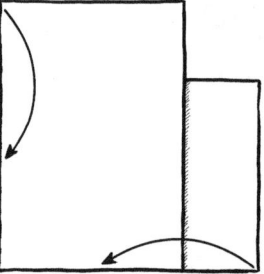

Lösung 2:

Siamesisches Origami

(s. S. 37)

1. Falten Sie ein DIN-A4-Blatt um die Hälfte. Schlagen Sie die linke Ecke am Falz zur unteren Blattkante, und schneiden Sie den überstehenden Streifen ab (s. unten).

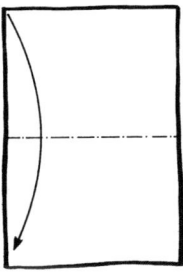 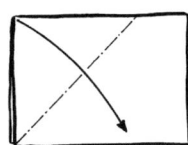 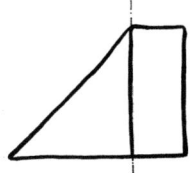

2. Sie erhalten so zwei zusammenhängende Quadrate (s. unten), die Sie mit Ausnahme der übergreifenden Brüche getrennt voneinander vorfalzen (s. unten).

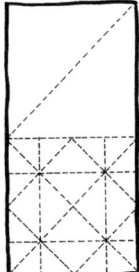

3. Schneiden Sie dann in die Blattmitte entlang der fett gezeichneten Linien ein Kreuz (s. unten); daraufhin können Sie beide Quadrate parallel zueinander zu «Himmel und Hölle» falten; allerdings sollten Sie damit in der Mitte beginnen.

4. Sollten Sie nicht mehr wissen, wie «Himmel und Hölle» gefaltet wird, finden Sie in den Abbildungen unten noch einmal die einzelnen Arbeitsschritte in schematisierter Darstellung.

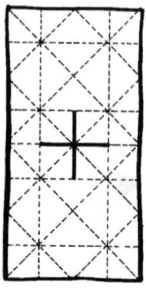

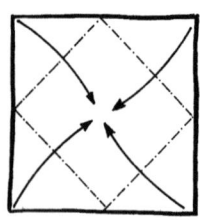  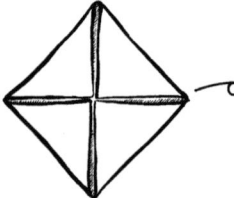 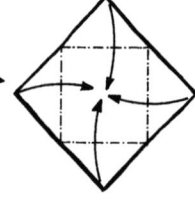

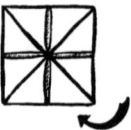 

Lösung 3:

Eine Wabe für die Königin

(s. S. 47)

1. Falten Sie Ihren Briefbogen der Länge nach in der Mitte (s. unten).

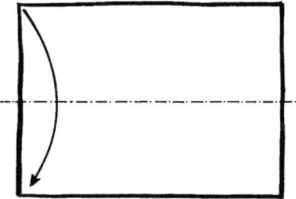

2. Halbieren Sie den Falz und kneifen Sie ihn kurz ein, um den Blattmittelpunkt zu markieren (s. unten).

3. Dann legen Sie den halben Briefbogen so vor sich, daß der Falz zu Ihnen weist. Schlagen Sie daraufhin die rechte und die linke Seite um den Mittelpunkt

paßgenau ineinander, so daß sich zwei deckungsgleiche, ineinander verschränkte Trapeze ergeben (s. unten).

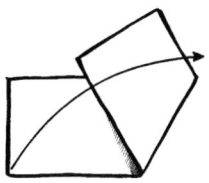

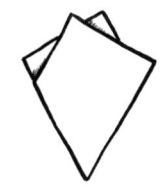

4. Drehen Sie diese Figur um (s. oben), und schneiden Sie entlang der aufliegenden Blattkante (s. unten).

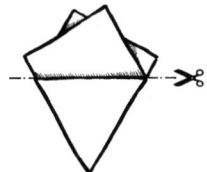

Lösung 4:
Eins, Zwei, Drei
zusammenfalten

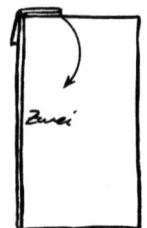

(s. S. 57)

1. Der Trick der Lösung liegt darin, daß Sie die «Eins» und die «Drei» zunächst knapp nach hinten knicken müssen (s. unten).

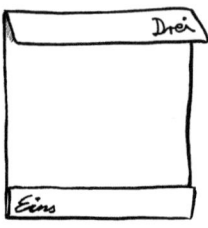

2. Dann drehen Sie das Blatt wieder um, falten die «Zwei» nach links außen zur Kante (s. unten)

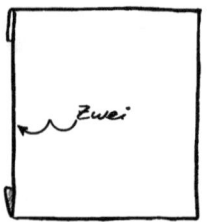

und knicken die «Eins» von oben zur «Zwei» herunter (s. rechts, oben).

3. Nunmehr falten Sie die «Eins» und die «Zwei» zum rechten Rand und klappen die «Drei» von hinten nach vorne unter die «Zwei» (s. unten).

Lösung 5:

Geflochtene Zahlen

(s. S. 65)

Bei der Erläuterung der Lösungsschritte sind die dunkleren Zahlen stets jene, die obenauf liegen, während die helleren Zahlen geknickt bzw. überdeckt werden.

Die Lösungsschritte sind Streifen für Streifen und von unten nach oben:

1. Falten Sie die «3» diagonal, schieben Sie die «6» unter die «4» und die «1» über die «5».

2. Knicken Sie die «0» diagonal und schieben Sie die «7» unter die «2».

3. Falten Sie die «9» diagonal, und schlagen Sie die dunkle «9» nach vorne.

4. Falten Sie die «2» diagonal, und schieben Sie die «4» unter die «6».

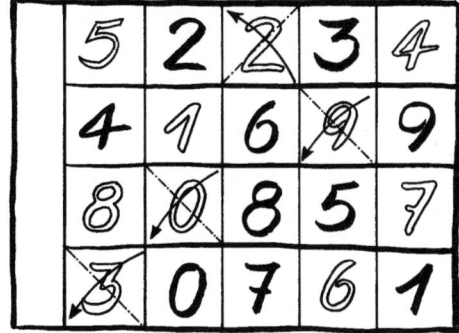

Lösung 6:

Doppelpyramide

(s. S. 69)

1. Falzen Sie den Streifen in fünf Quadrate vor. Lassen Sie dabei zusätzlich links und rechts schmale Laschen zum Verkleben frei. Schneiden Sie die Ecken am Streifenende schräg ab, und falzen Sie schließlich die Quadrate diagonal im Zickzack vor; die Brüche der Zickzackfalte sollen dabei in die gleiche Richtung wie die Quadratbrüche weisen (s. unten).

2. Verkleben Sie die linke Lasche am oberen Rand des Mittelquadrates, und kleben Sie die beiden restlichen Quadrate paßgenau um die entstandene Pyramide (s. unten).

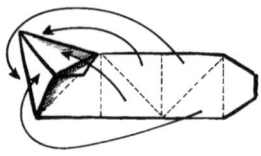

3. Bestreichen Sie die Lasche an ihrer Außenseite mit Klebstoff, und stecken Sie sie in den Schlitz (s. unten).

Die Bezifferung erfolgt wie abgebildet (s. unten); daraus ergibt sich folgende Zahlenreihe: 2, 4, 6, 8, 10 und 12.

Lösung 7:

Noshi I

(s. S. 49)

1. Falzen Sie das Blatt viermal um die Hälfte vor. Drehen Sie es dann mit der weißen Seite nach oben, und falzen Sie es zusätzlich entlang der beiden fetten Zickzacklinien in der Zeichnung vor (s. unten).

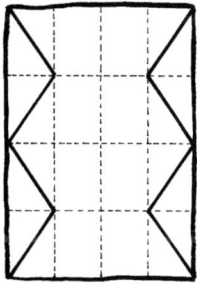

2. Knicken Sie beide Schmalkanten zum Mittelfalz (s. unten).

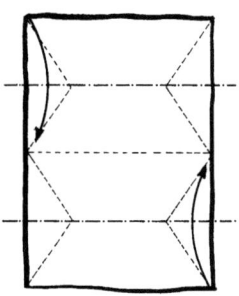

3. Schlagen Sie daraufhin alle vier aufliegenden Blattecken zum Mittelpunkt, die darunterliegende Blattkante halten Sie dabei fest (s. unten).

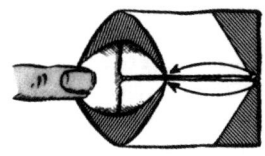

4. Drehen Sie das Blatt um, und knicken Sie die beiden leicht aufstehenden Flügel mit ihrem jeweiligen Mittelbruch ebenfalls zum Mittelpunkt. Wenn Sie hierauf den Brief an Vorder- und Rückseite versiegeln, ist Ihr Noshi geschenkfertig (s. unten).

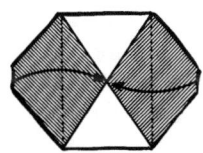

Lösung 8:

Quadratsplitter

(s. S. 46).

1. Falzen Sie eines der beiden quadratischen Papiere viermal um die Hälfte vor, und schneiden Sie dann ein vier Karo großes Quadrat heraus. Aus dem L-förmigen Reststück entsteht dann das stumpfe Kreuz (s. unten).

2. Zertrennen Sie die beiden größeren Teile entlang der fett gezeichneten Linien in jeweils vier gleiche Stücke (s. unten),

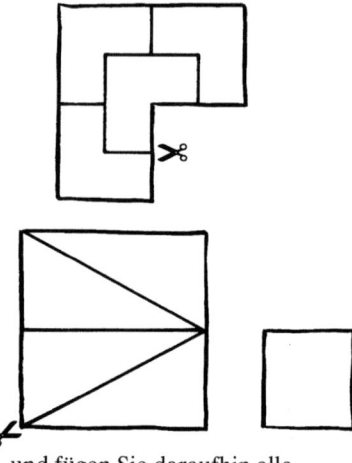

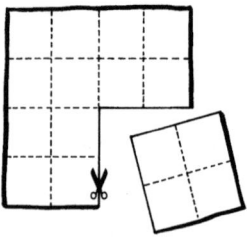

und fügen Sie daraufhin alle Teile wie abgebildet wieder zusammen (s. unten).

Aus dem quadratischen Teil und dem zweiten Origami-Papier legen Sie das geforderte Quadrat. Dazu müssen Sie das zweite Origami-Papier zunächst so vorfalzen wie in der Zeichnung skizziert (s. unten).

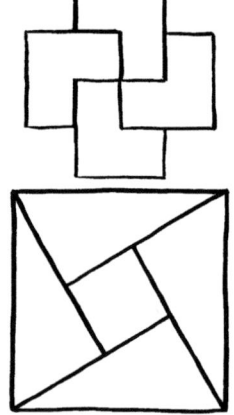

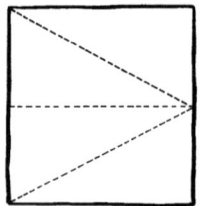

Lösung 9:

Mit der Schere zaubern

(s. S. 27).

1. Falten Sie ein Blatt in der Mitte, klappen Sie es wieder auf, und schneiden Sie es entlang der markierten Linien ein (s. unten).

2. Klappen Sie daraufhin den linken Streifen nach oben und den rechten nach hinten (s. unten).

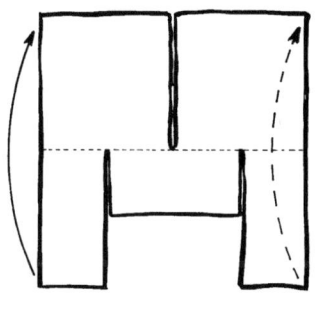

3. Dann stellen Sie die Figur auf die «Füße» (s. unten).

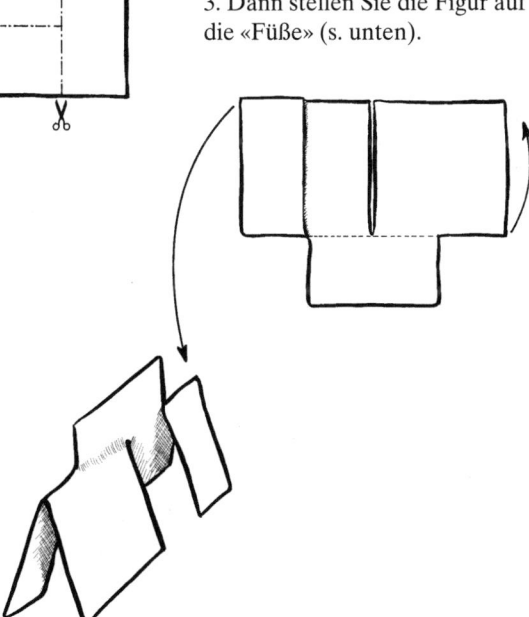

Lösung 10:

Zwei Punkte verbinden

(s. S. 24).
Die gestrichelten Linien symbolisieren die Falze. Die starken Linien zeigen den Lösungsweg, also den Bleistiftstrich vom ersten zum zweiten Punkt (s. unten).

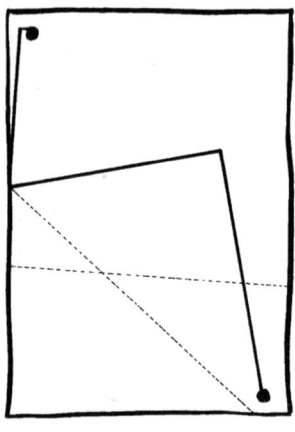

Lösung 11:

Zwei Ecken zusammenlegen

(s. S. 15).
(Zwei Lösungen sind möglich)
1. Falten Sie die Schmalseite B ein Stück nach links zur Seite (s. unten).

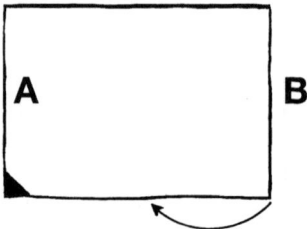

2. Knicken Sie das Blatt der Längsachse entlang nach hinten um (s. unten).

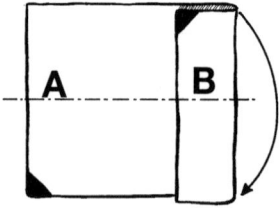

3. Drehen Sie das Blatt um (s. unten),

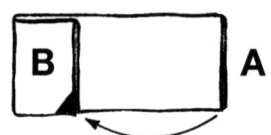

und schlagen Sie die Seite A nach vorne, so daß die beiden markierten Ecken nebeneinander liegen (s. unten).

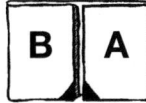

4. Klappen Sie das Blatt entlang der Seiten A und B zusammen (s. unten).

Lösung 12:

Pyramide II

(s. S. 68).
Um die Pyramide errichten zu können, müssen Sie das Blatt in mehreren Arbeitsschritten vorfalzen.
1. Falzen Sie das Blatt zunächst über Kreuz und diagonal vor (s. unten).

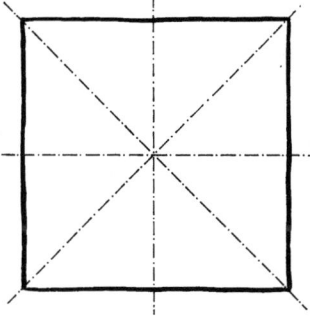

2. Schlagen Sie die linke Kante so nach vorne um, daß eine Ecke auf den Mittelbruch stößt, während der Knick durch die andere Ecke verläuft. Schlagen Sie daraufhin die Kante wieder zurück (s. S. 88, oben), und wiederholen Sie diesen Vorgang im Uhrzeigersinn bei jeder Kante. Danach falzen Sie in gleicher Weise alle

vier Kanten noch einmal gegen den Uhrzeigersinn.

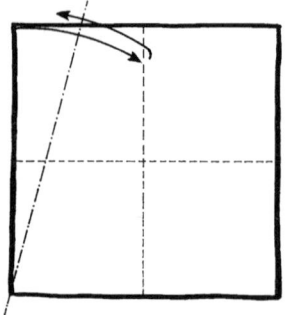

3. Knicken Sie nun die rechte Ecke so nach oben, daß der Falz exakt links und rechts durch die vorgefalzten Schnittpunkte des Mittelkreuzes verläuft, während die Ecke selbst auf die Diagonale trifft. Schlagen Sie darauf die Ecke wieder zurück, und wiederholen Sie diesen Schritt mit den anderen Ecken (s. unten).

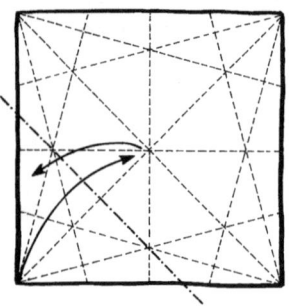

4. Damit haben Sie das Blatt gänzlich vorgefaltet. Formen Sie noch die jetzt sichtbaren Seitendreiecke aus, und stellen Sie sie auf. An den Überständen können Sie dann die Pyramide verkleben (s. unten).

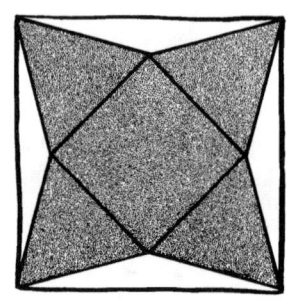

Lösung 13:

Faltpläne I

(s. S. 71)

1. Diesen Gaul zäumen Sie am besten von hinten auf. Beginnen Sie also mit der «8» und schlagen die «7» dahinter (s. unten).

und schlagen Sie dann die «2» mit der «1» über die «3» (s. unten).

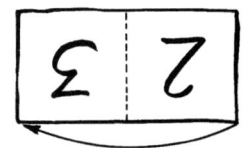

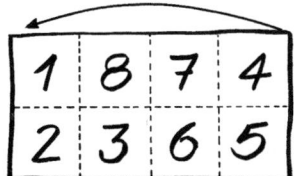

2. Dann falten Sie die «6» auf die «7» (s. unten).

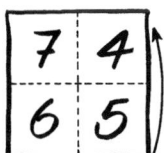

3. Schieben Sie nun die «5» und «4» zwischen die Quadrate «6» und «3» (s. unten),

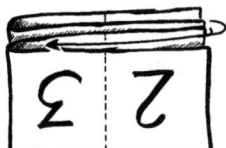

Lösung 14:

Ein Puzzle-Brief

(s. S. 35).

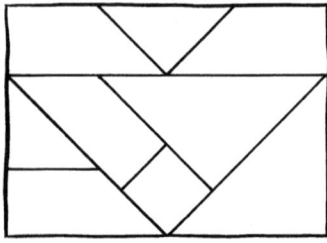

Auch andere Lösungen sind möglich.

Lösung 15:

Eine dreieckige Entdeckung

(s. S. 59).

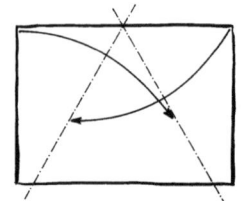

Drehen Sie die beiden oberen Ecken so ineinander, daß die untere Blattkante zweimal gebrochen wird. Mit etwas Feingefühl versuchen Sie dann, beide Ecken exakt deckungsgleich ineinanderzuschieben. Das heißt, der untere Flügel muß mit seiner Kante an den Falz des oberen Flügels stoßen, während gleichzeitig der obere Flügel kantengenau über dem Falz des unteren Flügels liegt. Haben Sie die Falze gezogen, können Sie beide Flügel wieder entfalten und das größtmögliche seitengleiche Dreieck aus dem DIN-A4-Blatt schneiden (s. unten).

Lösung 16:

Ein Pentagramm ins rechte Licht rücken

(s. S. 54)

1. Machen Sie ganz einfach einen Knoten in den Streifen (s. unten).

3. und schlagen Sie ein Streifenende quer darüber. Wenn Sie den Knoten nun gegen das Licht halten, können Sie das Pentagramm darin erkennen (s. unten).

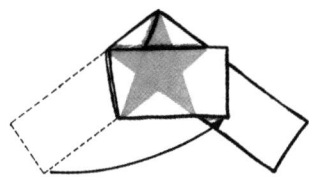

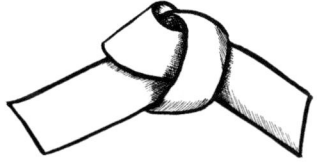

2. Drücken Sie den Knoten dann vorsichtig zusammen (s. unten),

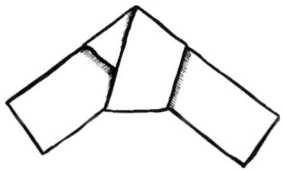

Lösung 17:

Ein Kreuz
mit einem Schnitt

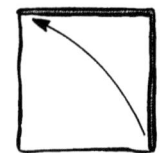

(s. S . 18)

1. Falten Sie das Blatt zweimal in der Mitte (s. unten).

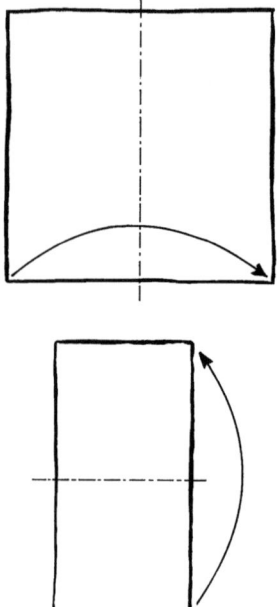

3. Schneiden Sie die offene spitze Ecke großzügig ab (s. unten).

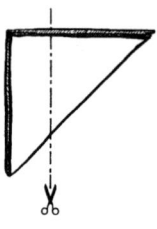

2. Knicken Sie das Blatt daraufhin zu einem Dreieck, so daß Falz auf Falz zu liegen kommt (s. rechts, oben).

Lösung 18:

Zwei Linien verstecken

(s. S. 39)

Für dieses Rätsel sind zwei Lösungen möglich; eine ist die folgende:

1. Zunächst müssen Sie das Blatt vorfalzen. Dazu knicken Sie es viermal um die Hälfte und falten es dann wieder auf. Dadurch entsteht eine gleichmäßige Aufteilung des Blattes in 16 Felder bzw. vier Längs- und vier Querstreifen (s. unten).

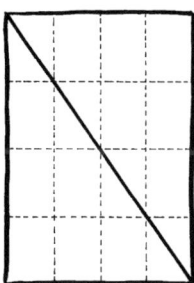

2. Schlagen Sie nun den oberen Querstreifen nach vorne um (s. unten).

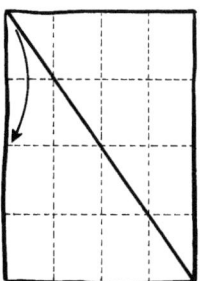

3. Knicken Sie daraufhin den linken Längsstreifen nach hinten und den rechten Längsstreifen nach vorne (s. unten).

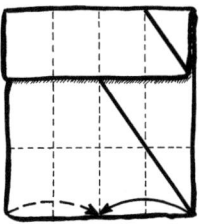

4. Dann falten Sie den oberen Querstreifen nach hinten (s. unten).

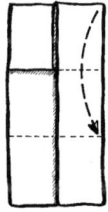

Lösung 19:

Ein magisches Quadrat falten

(s. S. 63)

1. Schneiden Sie das Blatt entlang der stark gezeichneten Linie ein (s. unten).

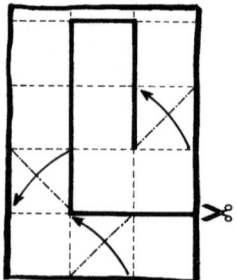

2. Dann falten Sie die markierten Felder (5, 1 und 2) entlang der diagonalen Linien nach (s. unten),

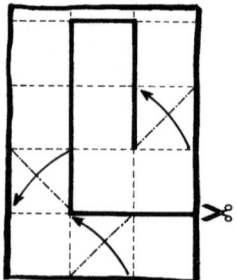

wobei die «5» unter die «3» rutscht, die «1» von der «9» gedeckt wird und die «2» hinter der «7» verschwindet. Auf diese Weise entsteht das abgebildete magische Quadrat (s. unten).

Lösung 20:

Aus zwei mach zwölf Seiten!

(s. S. 25)

1. Unterteilen Sie zunächst das Blatt im DIN-A7-Format, indem Sie es dreimal um die Hälfte falzen und daraufhin wieder auffalten.
2. Hierauf schneiden Sie das Blatt entlang der fett gezeichneten Linien (s. unten).

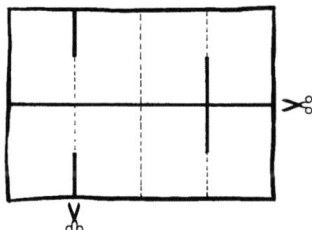

3. Die beiden entstandenen Streifen stecken Sie dann ineinander verzahnt zusammen (s. unten).

Lösung 21:

Mit einem Schnitt zum Eiffelturm

(s. S. 23)

1. Falten Sie die beiden kurzen Schenkel des Dreiecks zur Mitte (s. unten).

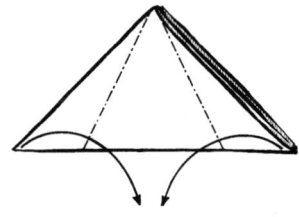

2. Den entstandenen Drachen zerschneiden Sie dann entlang der gestrichelten Linie (s. unten).

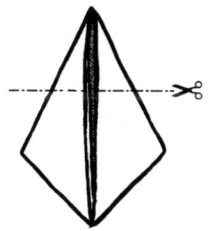

Lösung 22:

Einen Ring aus einem Streifen schneiden

(s. S. 45)

1. Klappen Sie den Streifen auf, und schlagen Sie an einer Seite beide Ecken kantengleich nach links und rechts auf den jeweiligen Falz (s. unten).

3. Verteilen Sie hierauf übers Eck entsprechend dem eingezeichneten starken Pfeil (s. unten) etwas Kleber am geknickten Streifenende, und klappen Sie den Streifen wieder zusammen. Danach können Sie den Streifen zu einem Ring schneiden.

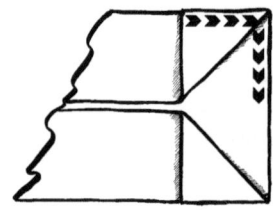

2. Verkleben Sie danach die stumpfen Streifenenden, indem Sie etwas Klebstoff entlang der Blattkante unter die beiden umgeknickten Hälften streichen (s. unten).

Lösung 23:

Einen Würfel falten

(s. S. 56)

1. Zunächst gilt es, den größtmöglichen Würfel zu finden, bei dem der Blattmittelpunkt zugleich die «Eins» bilden kann. Dazu falten Sie das Blatt der Länge nach in drei gleichmäßige Streifen, so daß der Mittelpunkt nach außen weist (s. unten).

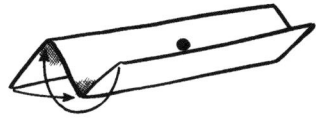

2. Diesen Streifen knicken Sie einmal um 90°, so daß der dabei entstehende 45°-Falz quer durch den Mittelpunkt verläuft (s. unten).

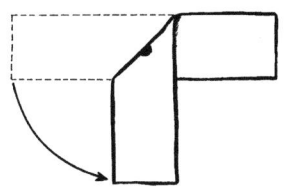

3. Darauf schlagen Sie die aufliegende Streifenhälfte kantengleich zur Seite und knicken in gleicher Weise die untere Hälfte nach hinten um (s. unten).

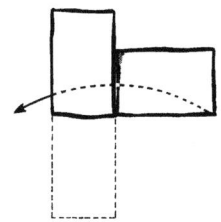

4. Die verbliebenen überstehenden Streifenreste schlagen Sie ebenfalls kantengleich ein (s. oben).

5. Falten Sie das Blatt wieder auf und markieren die Augen auf den künftigen Würfelseiten.

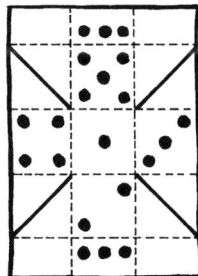

6. Falzen Sie das Blatt nun diagonal entlang der fetten Linien vor (s. oben).

7. Daraufhin können Sie das Blatt zu einem Würfel auffalten, der zusammenhält, sobald Sie die beiden Streifenenden ineinanderschieben, deren je drei Augen zusammen die «Sechs» ergeben (s. unten).

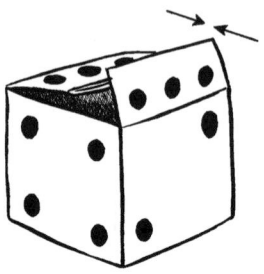

Lösung 24:

Sieben zu sechs Ecken schneiden

(s. S. 48)
1. Falten Sie das Siebeneck entlang seiner Spiegelachse (s. unten).

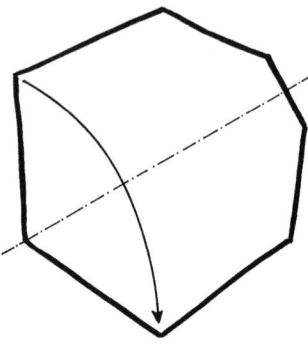

2. Legen Sie die entstandene Figur so vor sich, daß der Falz zu Ihnen weist, und schlagen Sie die spitze äußere auf die obere stumpfe Ecke (s. unten).

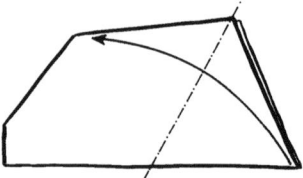

3. Knicken Sie den restlichen Teil kantengenau nach hinten,

und drehen Sie die Figur um (s. unten).

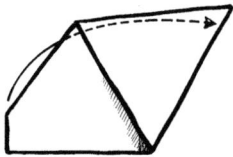

4. Wenn Sie nun entlang der skizzierten Linie von der rechtwinkeligen aufliegenden Ecke zur rechten Ecke schneiden, können Sie danach das regelmäßige Sechseck auffalten (s. unten).

Lösung 25:

Himmel und Hölle

(s. S. 16)
Färben Sie das vorgefalzte Blatt so ein wie in der Zeichnung angegeben (s. unten).

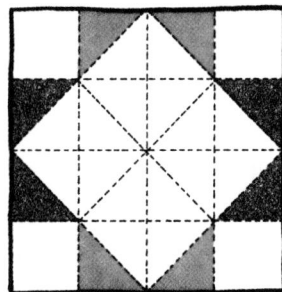

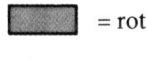 = rot

= blau

Lösung 26:

Ein gleichseitiges Dreieck

(s. S. 58)

1. Falzen Sie das DIN-A4-Blatt zunächst der Länge nach um die Hälfte vor. Hierauf knicken Sie die obere Blattkante nach vorne, so daß die linke Ecke exakt auf den Mittelfalz trifft (s. unten).

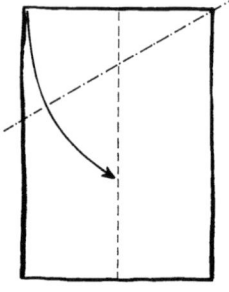

2. Nun schlagen Sie den unteren Teil des Blattes entlang der Horizontalen des aufliegenden Eckpunktes nach hinten (s. unten).

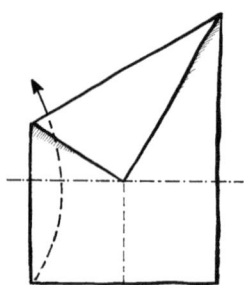

3. Anschließend schlagen Sie die geknickte Blattkante wieder zurück und falten die linke Blatthälfte diagonal nach vorne (s. unten).

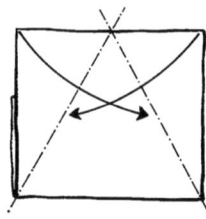

Wiederholen Sie das gleiche mit der rechten Hälfte.

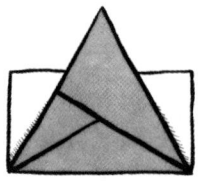

Lösung 27:

Fünf Quadrate

(s. S. 41)

1. Falzen Sie das Quadrat
zunächst über Kreuz vor
(s. unten).

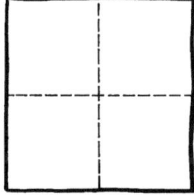

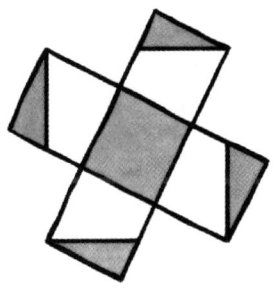

und fügen Sie die Einzelteile zu
Quadraten (s. unten).

2. Danach schlagen Sie reihum
alle vier Ecken nach rechts und
wieder zurück. Der Knick
verläuft danach jeweils von der
Mitte der oberen Kante durch
die linke untere Ecke (s. unten).

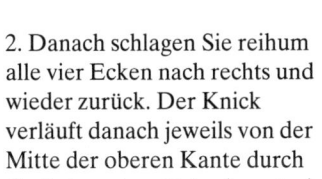

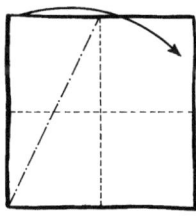

3. Schneiden Sie entlang der
schrägen Brüche (s. oben,
rechts),

Lösung 28:

Verflixte Quadrate

(s. S. 30)

Dieses Origami-Rätsel können
Sie zu Ihrem ganz persönlichen
Spiel ausgestalten. Statt der
Symbole können Sie beispielsweise die Fugen zwischen den
Quadraten mit drei verschiedenen Fotos Ihrer Freunde
überkleben und diese anschließend zertrennen. Das «verflixte
Quadrat» bietet sich dann als
schönes Mitbringsel an.

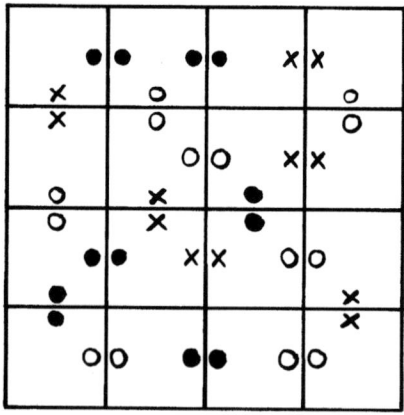

Lösung 29:

Ein Kreuz verlegen

(s. S. 19)

1. Schlagen Sie die beiden
Außenkanten des Querbalkens
wie abgebildet nach innen
(s. unten).

und fügen Sie die so entstandenen Teile zur gewünschten Figur
zusammen (s. unten).

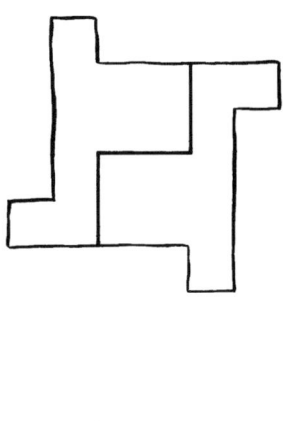

2. Zerschneiden Sie den Quer-
balken entlang der Mittelachse
(s. unten),

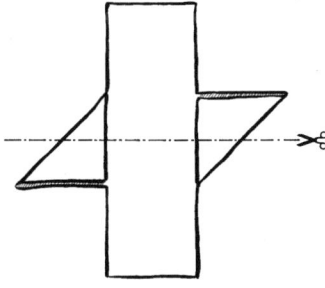

Lösung 30:

Drei Hex

(s. S. 61)

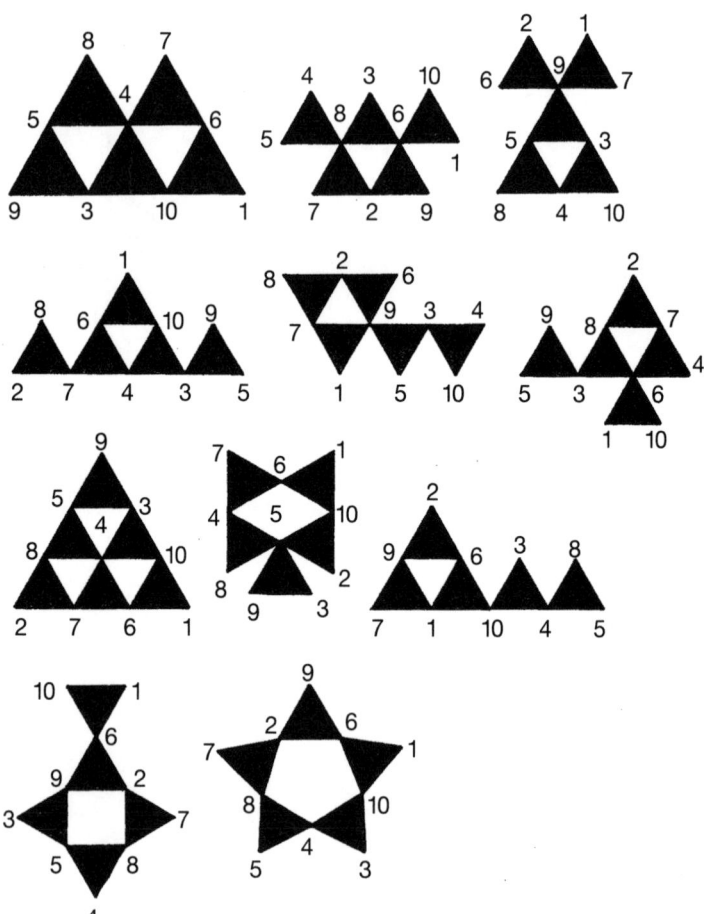

Lösung 31:

Quadratpuzzle I

(s. S. 28)

1. Falten Sie ein Origami-Papier zweimal diagonal vor (s. unten).

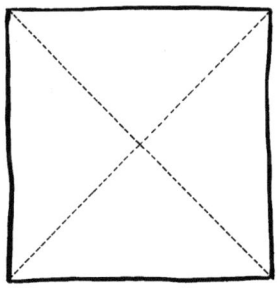

2. Falten Sie reihum die Ecken nach rechts, kantengleich zum diagonalen Knick, und wieder zurück (s. unten).

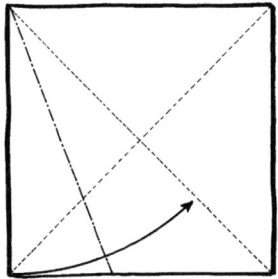

3. Schlagen Sie die Ecken nacheinander entsprechend der Vorfaltungen übereinander (s. unten).

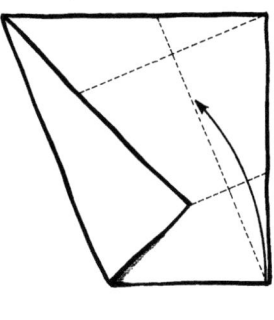

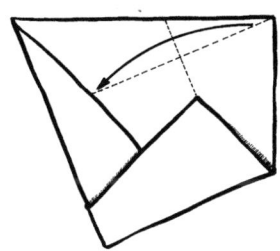

4. Drehen Sie das entstandene Quadrat daraufhin um, und schneiden Sie entlang der beiden schräg verlaufenden Brüche (s. unten).

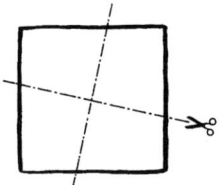

Lösung 32:

Alte Post

(s. S. 17)

1. Falten Sie die beiden Schmalseiten zur Blattmitte (s. unten).

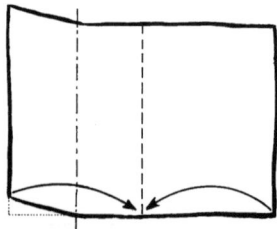

2. Falzen Sie daraufhin den Briefbogen in der Längsachse leicht vor (s. unten).

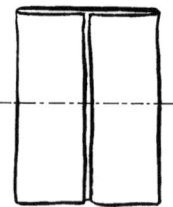

Falten Sie dann die beiden Außenkanten auf diesen Knick hin (s. unten).

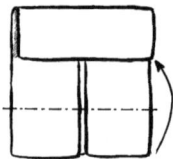

3. Nun schlagen Sie die Außenkanten nochmals zurück, knicken deren Ecken nach innen und falten zuletzt die Kanten wieder zurück zum Mittelknick (s. unten).

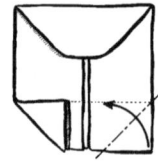

Lösung 33:

Zwei Ringe ineinanderfalten

(s. S. 66)

1. Falten Sie das Blatt der Länge nach in drei gleiche Teile zu einem Streifen von einem Drittel der Blattbreite (s. unten)

2. Knicken Sie den Streifen in seinem ersten Drittel um 90° zur Seite (s. unten).

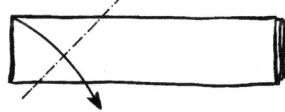

3. Den zur Seite geschlagenen Teil des Streifens falten Sie wiederum um 90° nach hinten, so daß er genau vom oberen Streifenstück verdeckt wird (s. unten).

4. Drehen Sie den Streifen um, und falten Sie das freie Streifen-

ende nagelbreit über das umgeknickte Ende (s. unten).

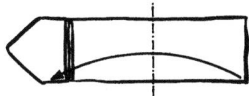

5. Wenn Sie nunmehr beide Streifenenden lagenweise miteinander verkleben, erhalten Sie das gewünschte Möbiusband (s. unten).

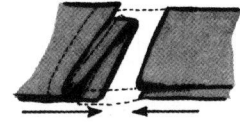

Übrigens: Probieren Sie auch einmal aus, wie viele Ringe Sie erhalten, wenn Sie die beiden Ringe der Länge nach in jeweils zwei Hälften zerschneiden.

Lösung 34:

Schnittmuster

(s. S. 38)

Aus den drei dunkel getönten
Schnittmustern (s. unten) läßt
sich kein Würfel falten.
Statt dessen sind die drei
Würfelabwicklungen unten
rechts möglich.

Lösung 35:

Schwarzweiße Quadrate

(s. S. 44)

Bei diesem Rätsel sind zwei Lösungen möglich; eine davon ist folgende:

1. Zunächst müssen Sie das Blatt vorfalzen. Dazu falten Sie es der Länge nach zu einem aus drei gleichen Teilen bestehenden Streifen zusammen (s. unten).

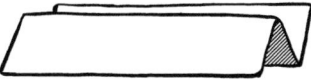

2. Diesen Streifen teilen Sie, bis auf einen kleinen Rest, in vier gleich große Quadrate. Dazu knicken Sie eine Schmalseite des Streifens um 90° kantengleich nach oben (s. unten).

3. Entlang der aufliegenden Kante falten Sie den Streifen nach hinten, um ihn danach wieder aufzufalten (s. unten).

Das erste Quadrat ist damit festgelegt (s. oben, rechts).

4. Dieses Quadrat tragen Sie noch dreimal am Streifen ab, so daß Sie insgesamt vier Quadrate erhalten (s. unten).

5. Schlagen Sie das vorgefalzte Blatt nun wieder auf und legen es so vor sich daß der schmale Streifen nach rechts weist (s. unten).

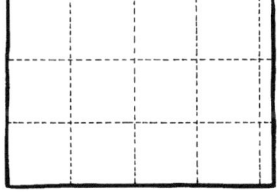

6. Darauf knicken Sie die linke obere Ecke so um, daß das Eckquadrat exakt das zweite Quadrat der mittleren Reihe deckt (s. unten).

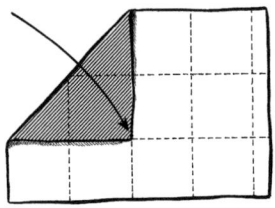

7. Jetzt schlagen Sie den oberen Streifen und den linken Streifen nach hinten (s. unten).

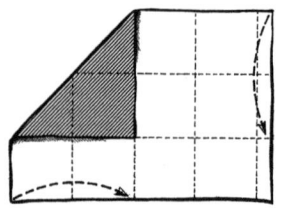

und knicken darauf den schmalen Streifen nach vorne (s. unten).

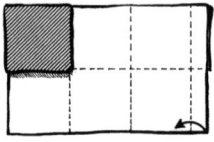

8. Wenn Sie jetzt noch die beiden äußeren rechten Quadrate nach links knicken, haben Sie das Rätsel gelöst (s. unten).

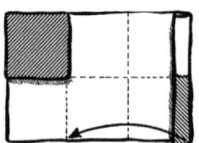

Lösung 36:

Zwei Kreuze aus einem Stück

(s. S. 21)

1. Falten Sie die beiden spitzen Ecken des Dreiecks zur oberen Ecke (s. unten).

2. Zerschneiden Sie das gewonnene Quadrat entlang der gestrichelten Linien (s. unten). Neben einem Häufchen kleiner Schnipsel erhalten Sie dann auch die beiden gewünschten Kreuze.

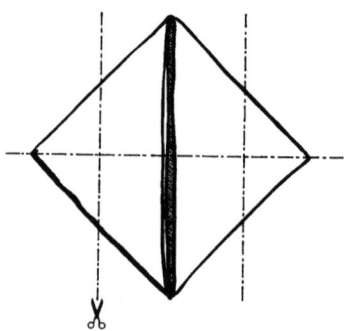

Lösung 37:

Faltpläne II

(s. S. 72)
Kleiner Faltplan
1. Knicken Sie die obere
Zahlenreihe hinter die untere
(s. unten).

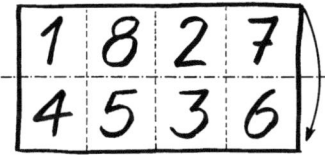

2. Schlagen Sie die «4» nach
rechts auf die «5» (s. unten).

3. Stecken Sie die «6» und die
«7» zwischen die «1» und die
«4», und schieben Sie den
Streifen dann noch weiter
ineinander, bis schließlich alle
acht Quadrate hintereinander
liegen (s. unten).

Großer Faltplan
1. Falten Sie die «9» über die
«8» (s. unten).

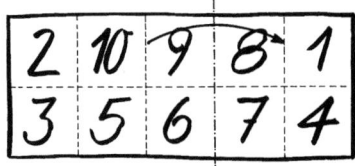

2. Schlagen Sie die oberen
Ziffern hinter die unteren
(s. unten).

3. Knicken Sie die «4» nach links
über die «5» (s. unten).

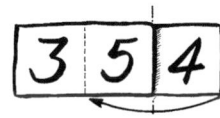

Schieben Sie die «3» und die «2»
zwischen die Quadrate «1» und
«4» (s. unten).

Lösung 38:

Karo-Flush

(s. S. 42)
Die notwendigen drei Einschnitte für jeden Kartenwert sind jeweils durch gestrichelte Linien gekennzeichnet und die Abschnitte grau gerastert.
Karo-Sechs (s. unten):

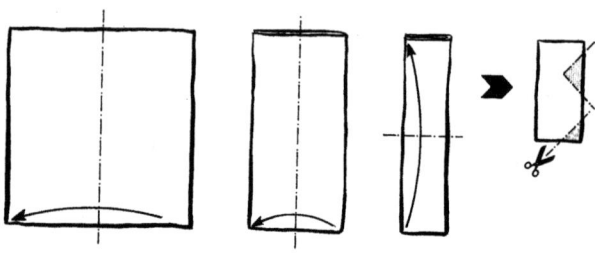

Karo-Sieben:

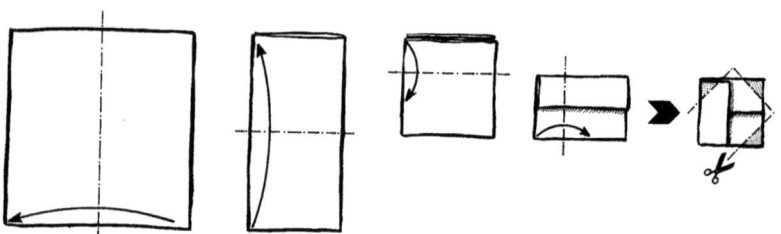

Karo-Acht:

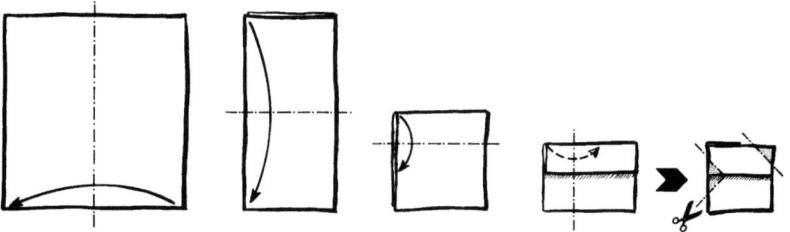

Karo-Neun:

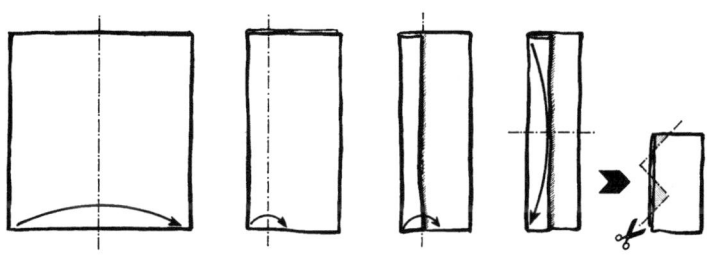

Karo-Zehn:

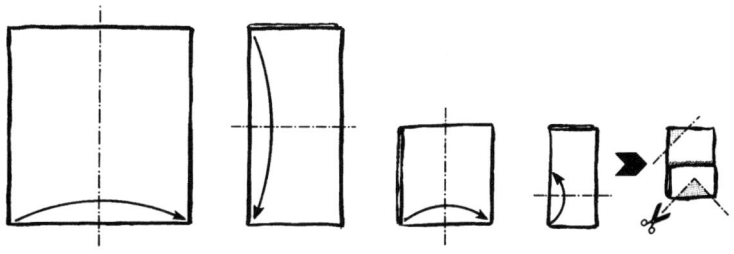

Lösung 39:

Origami-Stern

(s. S. 26)

1. Schneiden Sie das erste Papier entsprechend der Zeichnung ein (s. unten).

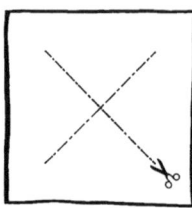

Schneiden Sie das zweite Papier entsprechend der Zeichnung (s. unten) ein.

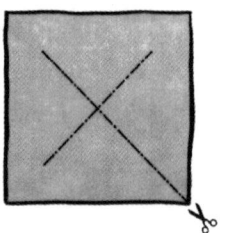

2. Flechten Sie das offene Papier in das geschlossene, und fädeln Sie den so entstandenen Stern an der geteilten Spitze auf (s. unten).

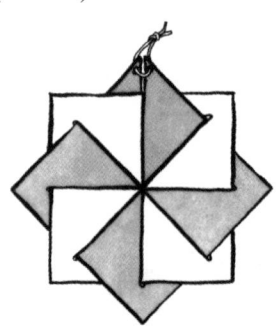

Lösung 40:

Wie ein verlegtes Kreuz wieder zum Quadrat wird

(s. S. 20)

1. Falzen Sie das verlegte Kreuz entlang der gestrichelten Linie vor (s. unten).

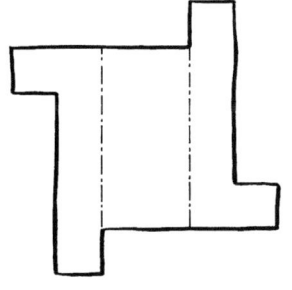

2. Dann knicken Sie die beiden waagrechten Ausleger diagonal, von der jeweils unteren Ecke zum Falz (s. unten).

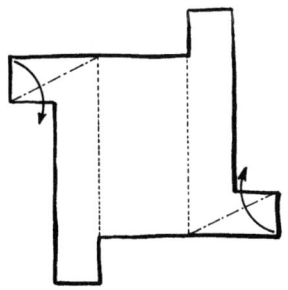

3. Falten Sie nun die Figur noch diagonal zwischen den beiden senkrechten Hilfsfalzen (s. unten).

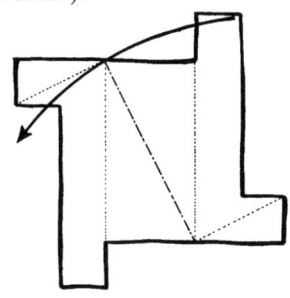

4. Zerschneiden Sie das verlegte Kreuz entlang der drei Schräg-falzen, und fügen Sie die Einzelteile zum Quadrat zusammen (s. unten).

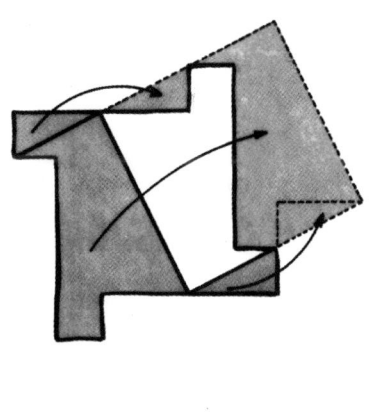

Lösung 41:

Zahlen verdrehen

(s. S. 62)

1. Drehen Sie das Blatt um, und schlagen Sie die obere Zahlenreihe so weit nach links hinten um, daß sie über den linken Blattrand lugt (s. unten).

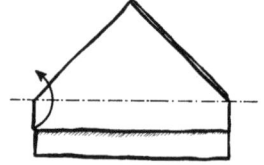

3. Jetzt schneiden Sie bei dem verbliebenen unteren Randstreifen an den sieben Knicken entlang (s. unten).

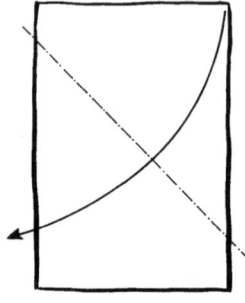

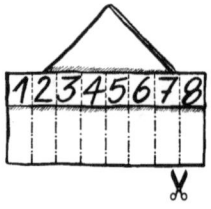

2. Falten Sie diese seitliche Zahlenreihe nun um 90° nach vorne, so daß sie sich mit dem Blatt deckt (s. unten), und knicken Sie darauf die Zahlenreihe nach oben um.

4. Dann falten Sie der Reihe nach jeden der entstandenen acht Streifen einmal um 90° nach links (s. unten),

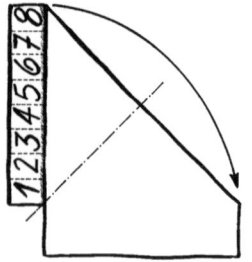

dann nach oben (s. unten)

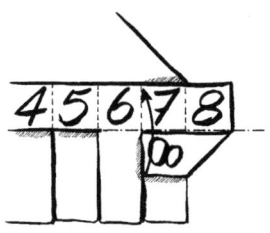

und gleich wieder um 90° nach unten (s. unten).

Das über der unteren Zahl entstandene Dächelchen schieben Sie zum Abschluß unter die obere Zahlenreihe (s. unten).

Lösung 42:

Pentagon

(s. S. 55)
1. Falten Sie das Blatt einmal um die Hälfte nach oben, und markieren Sie dann durch zwei kleine Kniffe die Falzmitte (A) und die Mitte der rechten Blattkante (B) (s. unten).

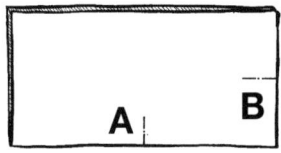

2. Schlagen Sie die rechte untere Ecke so um die Mittelachse A, daß der seitliche Kniff B exakt auf die Längskante trifft (s. unten).

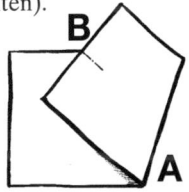

3. Falten Sie den rechten Falz daraufhin so nach links, daß er sich genau mit dem aufliegenden deckt (s. unten).

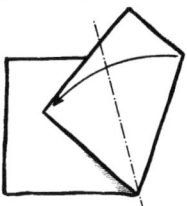

4. Schlagen Sie die linke untere Ecke kantengleich unter die entstandene Drachenform (s. unten).

5. Schneiden Sie im rechten Winkel – Augenmaß genügt dabei – vom rechten Falz aus durch die mittlere Ecke links, und entfalten Sie danach das so entstandene Dreieck zum Pentagon (s. unten).

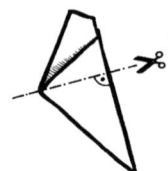

Lösung 43:

Quadratpuzzle II

(s. S. 29)

Lösung 44:

Sieben Seiten
hat der Würfel

(s. S. 43)
1. Die fehlenden Würfelaugen
verteilen Sie, wie abgebildet, auf
der Rückseite des Streifens
(s. unten).

2. Wenn Sie nun den geforderten
Würfel falten, wenden Sie
zunächst den Streifen und
knicken dann die beiden
Endquadrate mit der Augen-
seite nach oben und um 90° zur
Seite (s. unten).

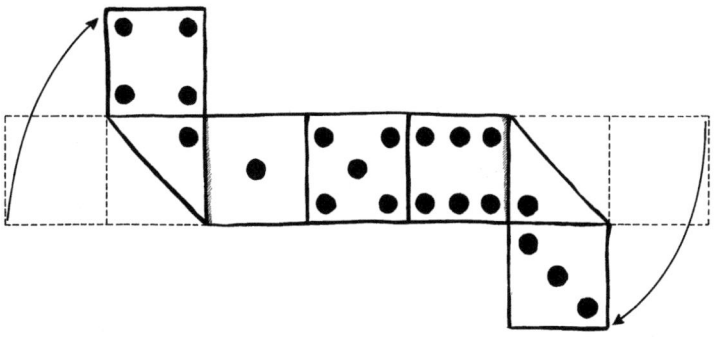

Lösung 45:

Noshi II

(s. S. 50)

1. Um die gewünschte Fläche von einem Fünftel des Bogens zu erhalten, falten Sie das Papier auf dieselbe Weise wie beim «Fünf-Quadrate-Rätsel» (s. unten).

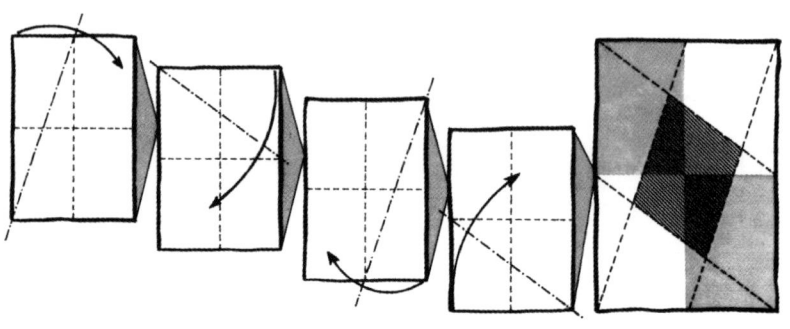

2. Drehen Sie das Blatt daraufhin um, und klappen Sie um das mittlere Parallelogramm herum alle vier Seitenflächen im Uhrzeigersinn nach vorne (s. unten).

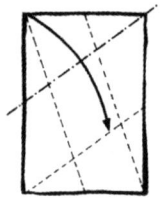 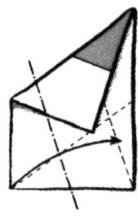 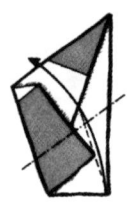 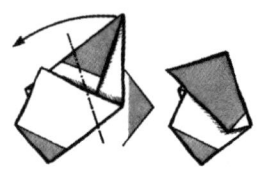

2a. Falten Sie das Blatt wieder auf, und wiederholen Sie den Vorgang 2 entgegen dem Uhrzeigersinn.

3. Schneiden Sie nun entlang der markierten Knicke alle schraffierten Flächen weg (s. unten).

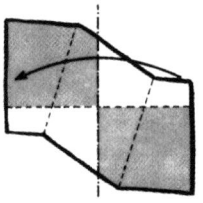

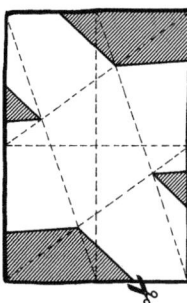

5. Entfalten Sie das Blatt wieder, und schlagen Sie diesmal die Seitenflügel nach innen. Drehen Sie das Blatt danach wieder um, und falzen Sie es um die ursprüngliche Querachse (s. unten).

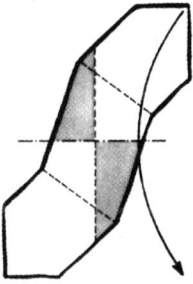

4. Schlagen Sie die beiden Flächen an den Schmalseiten nach innen (s. unten).

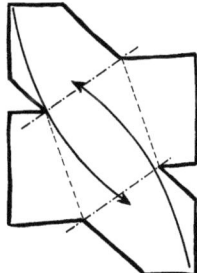

Drehen Sie das Blatt um, und falzen Sie entlang der ursprünglichen Längsachse (s. oben, rechts).

6. Falten Sie das Blatt wieder auf, und schneiden Sie die schraffierten Flächen entlang der markierten Brüche weg (s. unten).

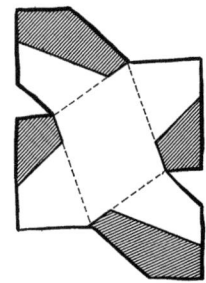

7. Klappen Sie jetzt noch die Streifen versetzt nach innen, dann können Sie Ihren Noshi auf die Reise schicken (s. unten).

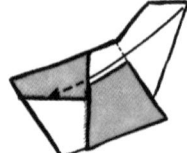

Lösung 46:

Vier Quadrate mit einem Schnitt

(s. S. 40)

1. Falten Sie das Blatt entlang seiner Querachse, so daß der dabei entstehende Falz von Ihnen abgewandt ist (s. unten).

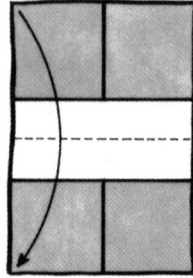

2. Schlagen Sie den linken Blattrand kantengenau auf die untere Blattkante (s. unten).

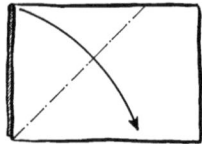

3. Wiederholen Sie den Vorgang mit dem rechten Blattrand (s. rechts, oben).

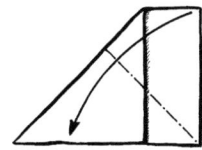

Lösung 47:

Pyramide I

(s. S. 67)
Die Farbverteilung erkennen Sie
in der Zeichnung (s. unten).

4. Die Höhe des entstandenen
Dreiecks ist gleichzeitig die
Schnittlinie (s. unten).

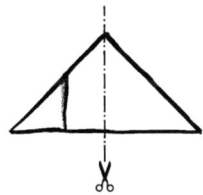

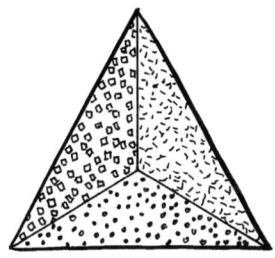

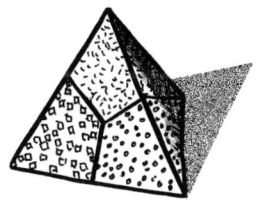

Pyramidenfaltung siehe nächste
Seite

Pyramidenfaltung

1. Falzen Sie das Dreieck
zunächst dreimal an den
Mittelachsen entlang vor
(s. unten).

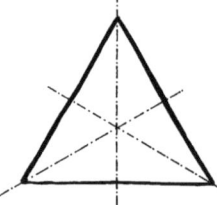

2. Falten Sie daraufhin reihum
jede Ecke zum gegenüberliegenden Scheitelpunkt und wieder
zurück (s. unten). Haben Sie das
Dreieck zuvor mit etwas
«Fleisch» ausgeschnitten,
können Sie es jetzt zum «Pyramidenwürfel» verkleben.

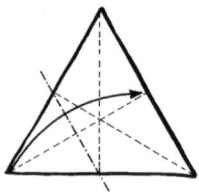

Lösung 48:

Tangram

(s. S. 34)
Wenn Sie die abgebildete
Teetrinkerin so in sieben Teile

zerlegen, können Sie daraus
dieses Quadrat bilden (s. unten).

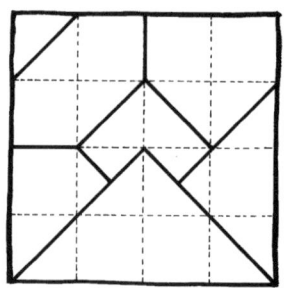

124

Lösung:

UFO-Faltplan

(s. S. 9)

1. Falzen Sie ein Origami-Papier
wie abgebildet (s. unten) vor,
und formen

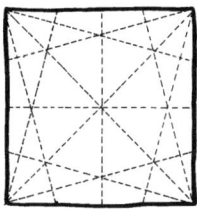

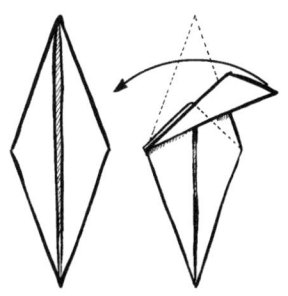

Sie daraus einen doppelten
Drachen (s. unten).

3. Die obere Spitze drücken Sie
in der Mitte ein und falten sie
nach unten zu einem kleinen
Drachen (s. unten). Die Arbeitsschritte 2 und 3 wiederholen Sie
jetzt noch dreimal.

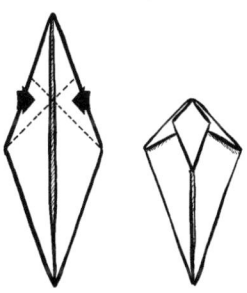

2. Den Drachen klappen Sie auf
und falzen die Spitze nach links
und rechts vor. Der entstehende
Falz liegt dann genau über der
stumpfen Mittelspitze (s. oben,
rechts).

4. Daraufhin halten Sie die
Seiten auseinander und klappen
die vier Drachen nach oben
(s. unten).

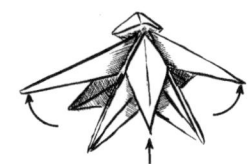

5. Dann ziehen Sie eine Dra-
chenspitze vor und drücken
gleichzeitig das stumpfe
Drachenende nach unten, so
daß die ausgezogene Zunge
zurückspringt und der Drache
zusammenklappt (s. unten).
Diesen Vorgang wiederholen
Sie bei den restlichen drei
Drachen.

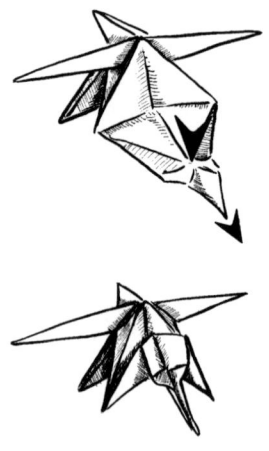

6. Von unten kräftig in die
«UFO-Düse» am Kreuzmittel-
punkt blasen; die Kommando-
zentrale bläht sich daraufhin
auf, und das UFO kommt auf
die Füße.

rororo sachbuch

rororo spiel + freizeit wird herausgegeben von Bernd Gottwald und Horst Speichert. Ein Gesamtverzeichnis der Reihe finden Sie in der *Rowohlt Revue*. Jedes Vierteljahr neu. Kostenlos. in Ihrer Buchhandlung.

Das gesamte Taschenbuchprogramm «Mit Kindern leben» finden Sie in der Rowohlt Revue. Jedes Vierteljahr neu. Kostenlos in Ihrer Buchhandlung.

Mit Kindern leben

rororo sachbuch

3413/2b